全国技工院校公共课教材

职业指导（第三版）

人力资源社会保障部教材办公室◎组织编写

巢燕◎主编

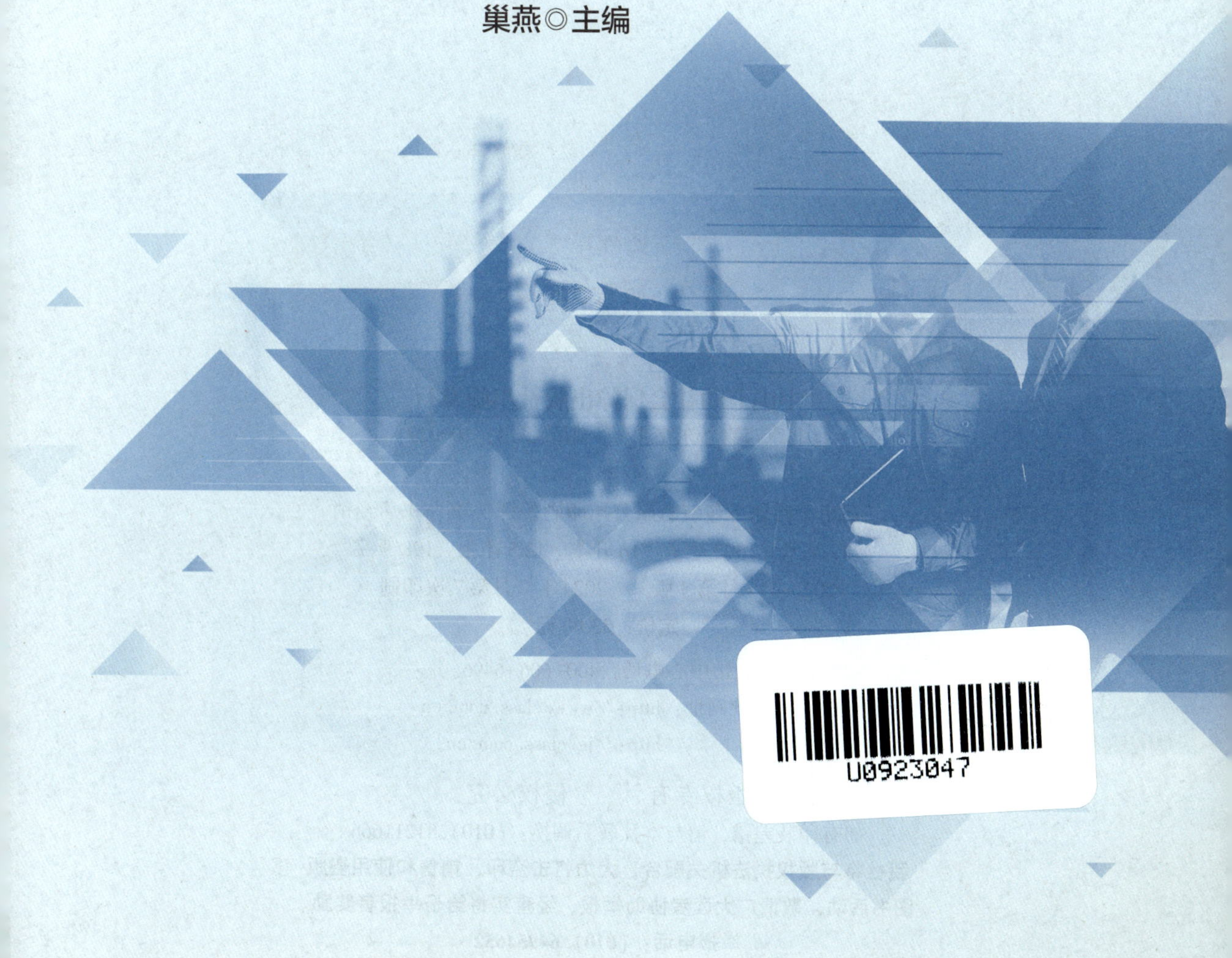

中国劳动社会保障出版社

图书在版编目（CIP）数据

职业指导 / 巢燕主编 . -- 3 版 . -- 北京：中国劳动社会保障出版社，2020
全国技工院校公共课教材
ISBN 978-7-5167-4565-6

Ⅰ. ①职…　Ⅱ. ①巢…　Ⅲ. ①职业选择 - 技工学校 - 教材　Ⅳ. ① G717.38

中国版本图书馆 CIP 数据核字（2020）第 100460 号

中国劳动社会保障出版社出版发行
（北京市惠新东街 1 号　邮政编码：100029）

*

三河市华骏印务包装有限公司印刷装订　新华书店经销
787 毫米 × 1092 毫米　16 开本　12.5 印张　198 千字
2020 年 7 月第 3 版　2024 年 7 月第 7 次印刷
定价：23.00 元

营销中心电话：400-606-6496
出版社网址：http://www.class.com.cn
http://jg.class.com.cn

前言
PREFACE

就业是民生之本、安邦之策。对于即将走向工作岗位的毕业生而言，就业开启了人生的新篇章。做好就业准备、提升就业能力，是技工院校学生迈出校门之前的必修课。

本教材围绕就业能力这个核心，力图融知识性、实用性、训练性于一体，使学生强化职业意识，了解就业环境新动态，更新就业观念，掌握求职方法，学会合理维权，最终提高就业竞争力。

本教材具有三个方面的特点：

一是反映社会新变化，贴合学生发展需求。目前，我国不断涌现的新职业与新科技、新业态日新月异的发展息息相关，未来行业的发展将会朝专业化、精细化方向发展，对职业技能的要求也将更加规范。本教材在此背景下，贯彻新时期对从业人员的新要求，引导学生将自身发展与企业要求、不断变化的社会环境联系起来，激发其职业兴趣，强化自身职业技能，树立正确的职业方向和职业发展观。

二是关注学生实际就业能力的培养。教材在内容安排上，从学生主体出发，帮助学生了解自己、了解专业、了解社会，进而树立正确的择业、就业、创业观念，形成正确的职业意识；引导学生依据社会发展、职业要求和个人特点进行职业规划，增强就业能力；强调求职方法和训练求职技能，促进学生全面提高自身素质；激发学生自主择业、自主创业的自觉性，为可持续发展做好准备。

三是精选案例，由案说理。从职业意识形成到求职方法训练，从劳动关系确立到创业环境介绍，教材中运用大量案例来说明相关理论和方法，并集中整理了求职案例、维权案例和创业案例，让学生在案例学习和讨论中进行体会、感悟，最终内化为职业素养。同时，根据教学目标和内容设计了相应的课堂与课后训练，实施“互动”教学，既具知识性和可读性，又有操作性和针对性。

人力资源社会保障部教材办公室

2020 年 5 月

目 录

CONTENTS

第三单元 权益保障

第四单元 点击创业

第一单元　职业初探

学习目标

⊙ 了解什么是职业、就业和职业资格证书制度

⊙ 认识自己的职业心理，热爱所学专业，增强职业意识

⊙ 学会职业生涯设计，提高职业素质，奠定未来职业发展基础

很快就要告别学校了，即将走入职场的你，准备好了吗?

社会是一门学问，机会总是垂青于有准备的人。职前准备从什么时候开始呢?其实从你选择一所学校、选择一门专业、选择一些爱好去发展的时候，就已经开始了，你的所有成长都在为进入职场做准备。

生活有无限可能，而职业活动在推进这种可能性。它完善我们的认知，丰富我们的体验，发掘我们的潜能，指引我们的方向。这个过程，不仅帮助我们成长，同时为我们提供一条服务社会的通道。

成就自己，服务他人。这不仅很精彩，也一定有意义!

让我们一起开启职业探索之旅吧!

第一课　职业与职业指导

老师在黑板上画了一幅画：一个圆圈的中间站着一名学生。接着，老师又在圆圈里加上了一座房子、一所学校，还有父母、老师和一些同学。老师说："这是你的过去和现在。圆圈里是你的家庭、老师和同学。在这里，你衣食无忧、学习快乐、远离社会和竞争。"

"谁能告诉我，当你跨出这个圈子后，会发生什么？"教室里顿时鸦雀无声。一位同学打破沉默："会害怕。"另一位同学说："会出错。"老师微笑着说："因为不知道，所以会害怕；因为没尝试，所以会出错。当你出错了，其结果是什么？"一名同学大声答道："我会从中学到新的东西。"

"对，你会从错误中学到新的东西。"老师转向黑板，画了一个箭头指向圈外，继续说道："当你离开这个圆圈，就进入一个全新的世界。你会学到以前不知道的东西，体验到以前体验不到的生活内涵。"老师说着，在原来的圆圈外画了一个更大的圆圈，还加上了工厂、商场……

老师说："你们每个人都要在这里重新学习，学习如何生存、如何发展、如何实现有价值的人生。只有走出原来的圆圈，你才能在新的圆圈中立足，才能使自己人生的圆圈不断变大，最终真正地获得自由。"

老师所说的这个新的圆圈，就是职业世界。

第一节 职业

一、什么是职业

所谓职业，是指从业人员为获取主要生活来源所从事的社会工作类别。教师、警察、会计、医生、营业员、厨师、秘书、驾驶员、保安、理发师、法官、军人、清洁工、记者、咨询师、演员、作家等，都是职业的名称。

人类在原始社会早期是没有职业这个概念的。人们日出而作，日落而息，为维持生存而共同劳动。在原始社会后期，社会生产力水平提高了，人们的劳动成果除了满足日常生活外，还有了剩余，这就使一部分人从狩猎、耕种的劳动中脱离出来，从事畜牧、加工等劳动，于是就出现了畜牧业与农业、手工业与农业的分离。也就是说，这时候有人专门从事农业生产，有人专门从事畜牧业生产，有人专门从事手工业生产，有人专门从事劳动产品的交换……。于是就有了农民、牧民、工匠、商人等从事专门工作的群体，最初的职业也就由此产生。从职业产生的过程来看，职业随生产力的发展而产生，是社会分工的结果。不同的职业有着不同的工作对象、工作内容、工作方式和工作场所，不同的职业对从业者的要求也各不相同。

新职业：网约配送员

试一试

比较下面两种职业，将结果填入表格。

职业	工作对象	工作内容	工作场所	对从业者的要求
教师				
医生				

职业具有社会性、有偿性、稳定性、规范性等基本特征。

社会性 职业的社会性首先表现为任何一种职业都不能独立存在，而只是整个社会生产、生活体系中的一个环节；其次表现为每个职业的从业人员都是在一定的社会环境中，从事着与其他社会成员相互关联、相互服务的社会活动；最后表现为每一种职业都必须具有一定规模的从业人数。

有偿性 职业的有偿性是指任何职业劳动都能得到一定的现金或实物回报。这种回报的意义首先在于它是个人维持自身生存的主要物质来源；其次表明这种职业劳动被社会所认可的程度，从而激励人们为社会提供更多更优的职业劳动。

稳定性 职业的稳定性是指某个职业的产生并不是基于社会某种临时性的需要，而是在一个相对长的时期内经过社会分工的不断细化后，这种需要被相对固定下来，从而吸引劳动者持续不断地从事这种劳动。简单地说，就是职业都有较长的生命周期。

规范性 职业的规范性有两层意思：第一，职业的内涵必须符合国家法律政策和社会主流道德；第二，职业的构成必须具备国家职业标准规定的要素，如职业名称、职业内容、从业人员应当具备的资格和能力等。

从事职业活动，对个人来说可提供三项基本功能。它既是人们获得生活来源的主要途径，又是扮演一定社会角色、履行社会职责的主要方式，同时也是实现人生价值的主要手段。

议一议

下列哪些是职业活动，哪些不是？为什么？

行乞、月嫂、开锁、倒卖车票、商品传销、职业介绍、踢足球。

作为获得生活来源的主要途径，人们在择业和从业活动中通常会把获取较高的报酬放在第一位进行考虑，这是无可厚非的。但是，如果将此看成是职业活动的唯一价值，人就很容易沦为金钱的奴隶，就容易将职业变成谋取个人私利甚至是不法利益的工具，这不但违反职业的社会内涵，而且容易使人误入歧途，最终断送自己的职业前途。

职业活动从本质上说是一种服务社会的活动。在工作中，人们总是以一定的职业身份与社会组织、部门及个人打交道，在此过程中要承担和履行一定的社会责任。这既是职业的要求，也是职业社会属性的具体体现形式。所以，职业活动不仅是一种个人的行为，而且是社会正常运转乃至健康发展的有机环节。有了这样的认识，我们就不会为报酬的高低而斤斤计较，就会自觉遵守职业道德，进而从内心更加热爱自己的职业。

人的一生可以称为职业的一生，所以人生的价值主要通过职业活动得以实现。如果脱离职业空谈个人价值，就会陷入不切实际的空想，因为这种所谓的“价值”若没有了职业的依托，就根本无从体现。从另一个角度说，一个人如果不能通过职业活动为他人、为社会创造价值，就不会被社会所认同；反之，一个人如果能不断地为他人、为社会创造价值，那么他被社会认同的程度就会越来越高，其人生价值也会因此得到最大限度的实现。

二、职业分类

职业分类是运用科学的方法和手段，通过对社会全体从业人员所从事的各类经济性活动进行分析和研究，按照其活动的性质、对象、内容、形式、功用和结果等进行的类型划分和归总。

职业分类不但可以帮助我们了解整个社会的职业状况，还可以帮助我们了解每个职业的具体状况，尤其是每个职业的任职要求，从而帮助我们进行科学合理的职业生涯规划和卓有成效的职业训练。

2015 年，新修订的《中华人民共和国职业分类大典》（以下简称《大典》）颁布。其中，将我国职业归为 8 个大类、75 个中类、434 个小类、1 481 个细类（职业）。详见下表。

2015 年版《大典》相关分类情况

大类	大类人员	具体分类
第一大类	党的机关、国家机关、群众团体和社会组织、企事业单位负责人	包括 6 个中类、15 个小类、23 个细类（职业）
第二大类	专业技术人员	包括 11 个中类、120 个小类、451 个细类（职业）
第三大类	办事人员和有关人员	包括 3 个中类、9 个小类、25 个细类（职业）
第四大类	社会生产服务和生活服务人员	包括 15 个中类、93 个小类、278 个细类（职业）

续表

大类	大类人员	具体分类
第五大类	农、林、牧、渔业生产及辅助人员	包括 6 个中类、24 个小类、52 个细类（职业）
第六大类	生产制造及有关人员	包括 32 个中类、171 个小类、650 个细类（职业）
第七大类	军人	包括 1 个中类、1 个小类、1 个细类（职业）
第八大类	不便分类的其他从业人员	包括 1 个中类、1 个小类、1 个细类（职业）

2015 年版《大典》比较全面地反映了现阶段我国职业的结构状况，对各职业的定义、工作任务以及包含的工种等作了客观的描述。

车工（职业代码 6-18-01-01）

职业定义：

操作车床，进行工件旋转表面切削加工的人员。

主要工作任务：

1. 安装夹具，调整车床，定位与装夹工件；
2. 选择、刃磨、安装刀具；
3. 操作车床数控系统，进行人机之间指令和提示等信息交流；
4. 操作车床，进行工件内外圆柱面、端面、锥面、圆孔和螺纹等型面的切削加工；
5. 使用量具，进行制件精度检验及误差分析；
6. 维护保养机床和工装。

本职业包含但不限于下列工种：

数控车工

职业是社会发展的客观产物，自职业产生起，社会及科技的进步就始终在推动职业的演变，尤其是当代科学技术和社会文明的突飞猛进更使得这种职业的演变呈加速之势。这种演变主要表现在：

第一，新的职业不断产生。人们对美好生活的追求反映在职业领域，传统的“专业技术人员”“社会生产服务和生活服务人员”呈现出越来越细分化发展的趋势，这与人们的生活需求息息相关。例如，母婴护理员、蜂产品品评员、酒体设计师等。

案例链接

随着人们消费需求的多元化以及对服务专业化需求的不断增强，新职业的种类越来越丰富，一些新的职业群体不断扩大。

32 岁的郑先生是一位大数据技术工程师，在北京一家为大中型企业客户服务的软件公司工作。2012 年，随着行业技术升级，他从一名 java（计算机编程语言）工程师转型成为大数据技术工程师。他这样介绍自己的工作内容：主要是数据产品的研发工作，包括技术调研、产品分析、制订计划、实施方案、系统测试、运维监测等。郑先生对自己所在行业的前景充满信心，他认为大数据市场正呈增长趋势，未来发展比较乐观。

第二，一些传统职业的内容及任职要求由于新技术的出现被更新。例如，上面列举的车工这个职业，由于数控（车床）技术的广泛应用，其任职要求就增加了编程能力等。

第三，一些旧的职业被淘汰。一批新职业的兴起，会伴随着另一批旧职业的退出。例如，铁路扳道工、弹棉花手艺人、寻呼转接员等。

如今，新职业、自由职业不断涌现并迅速发展。2019 年 4 月，人力资源社会保障部、市场监管总局、统计局正式向社会发布 13 个新职业，这些新职业主要集中在高新技术领域，其对从业人员的知识、技能水平具有较高要求。这 13 个新职业是：人工智能工程技术人员、物联网工程技术人员、大数据工程技术人员、云计算

工程技术人员、数字化管理师、建筑信息模型技术员、电子竞技运营师、电子竞技员、无人机驾驶员、农业经理人、工业机器人系统操作员、工业机器人系统运维员、物联网安装调试员。其中，电子竞技员是专门从事不同类型电子竞技项目比赛、陪练、体验及活动表演的人员。他们的主要工作内容有：1. 参加电子竞技项目比赛；2. 进行专业化的电子竞技项目陪练及代打活动；3. 收集和研究电子竞技战队动态、电子竞技游戏内容，提供专业的电子竞技数据分析；4. 参与电子竞技游戏的设计和策划，体验电子竞技游戏并提出建议；5. 参与电子竞技活动的表演。

议一议

查阅资料，说说上述 13 个新职业的职业内涵。这 13 个新职业大致可以分别归到职业分类中的哪一个大类？在这些新职业中，哪些和你所学的专业有关？或者虽然没有关系，但却是你比较感兴趣的？谈谈你对它们的认识。

三、产业、行业与职业

产业是由社会分工而独立出来的、专门从事某一类别生产经营活动的单位的总和。国民经济按产业结构通常分为三大部门，即第一产业、第二产业和第三产业。行业是根据单位所使用的加工原料、所生产的物品或提供服务的不同来表示的社会分工类别。

职业与行业之间相互交叉，不同的行业可以含有相同的职业。例如，会计职业就广泛存在于各行各业之中。产业、行业、职业是由大到小的三个层次，它们共同组成国民经济的社会分工体系，推动着一个国家国民经济的正常运转。详见下表。

产业、行业与职业

产业层次	主要行业	典型职业
第一产业	农业、林业、畜牧业、渔业	农民、林业工人、牧民、渔民等农林牧渔业劳动者、管理人员和专业技术人员等
第二产业	采矿业、制造业、电力、热力、燃气及水生产和供应业、建筑业	经营管理人员，如经理、生产主管、营销策划等；工程技术人员，如工程师、设计师等；技术工人；辅助人员，如保管员等
第三产业	除第一、第二产业以外的其他行业	经营管理人员、营业员、导游、律师、会计师、教师、医师、摄影师、美容师、厨师、服务员、维修技师、公务员等

第一产业和第二产业都是物质生产部门，第三产业是流通和服务部门。第三产业的发展是建立在前两个产业劳动生产率提高的基础上的，受前两个产业发展水平的制约。随着中国经济结构调整持续推进，第三产业吸纳就业的能力不断增强。国家统计局 2019 年公布的第四次全国经济普查结果显示，过去五年间，在第二产业从业人员数量下降的同时，第三产业从业人员增长近 30%，第三产业成中国就业“蓄水池”。

议一议

在你所了解的职业中，哪些是不同行业所共有的，哪些是只适于某一个行业的？为什么？

第二节 职业指导

一、什么是职业指导

职业指导是帮助个人成功获得职业岗位并取得职业成功的各种措施的总称。我国职业指导的先驱、教育家黄炎培和社会活动家邹韬奋曾分别指出：“职业指导，外适于社会分工制度之需要，内应天生人类不齐才性之特征。”“为事择人，为人择事，使社会事业与个人才智得其圆满发展之机会，乃其主要目的。”

职业指导作为一门学科，已有近百年的历史。世界上第一个职业指导机构——美国波士顿地方职业局于1908年创立，专门从事职业咨询工作。1918年，美国教育协会将职业指导作为中学必须开设的一门课程，规定各校必须配备专门的职业指导人员。此后，加拿大、英国、法国、日本、德国等国家相继在学校开设了这门课程并对之进行理论和技术方面的研究。

现代职业指导理论和技术有许多流派，我国目前较多采纳的是“特性—因素”理论模式。该理论认为，每个人先天的心理倾向与早期环境的相互作用对个性的发展有重要影响，而个性心理因素在个人的职业选择和职业发展中起着支配作用，合适的职业选择不但能促进良好的职业发展，而且能优化个性并促进个人潜能的发挥。因此，职业指导的焦点在于分析个人的能力、兴趣、价值观、需要等心理特征和各种具体职业要素之间的相互关系上，从而寻求个人特性与具体职业要求之间最佳程度的匹配。

根据上述理论，职业指导的过程被确立为一个三段结构模式：第一，通过对个人身心、情感特征的分析，帮助其正确认识自我；第二，帮助个人认识职业的性质和职业对从业人员的具体要求；第三，在上述工作的基础上，帮助个人根据自身特点和对相关职业工作要素的认识做出理智的职业选择。

议一议

自己所学专业对应的相关职业岗位的任职要求有哪些？自己在哪些方面还有所欠缺？你打算如何解决？

二、职业指导的意义

职业学校开设职业指导课程就是遵循职业指导规律，将职业指导贯穿整个职业教育过程，使其成为职业教育的有机组成部分。

1. 增强职业意识

职业指导有利于培养同学们的职业意识，巩固专业思想，增强学习动机。

职业意识是人们对职业与职业活动的认识以及主动将这种认识贯彻到行为中去的思想。例如，学习饭店（酒店）服务专业的学生，如果其职业意识比较强，就会在思想上将打扫教室等清洁工作作为一种职业活动来对待。职业意识的强弱不但对人们在学校学习职业知识、掌握职业技能产生影响，也会对参加工作后的职业发展产生影响。例如，一个学习园林技术专业的人，如果具有较强的职业意识，就会无论走到哪里，都能留意甚至研究当地的园艺状况，哪怕是一草一木、一山一石，这样就会使其尽早成长为园艺专家。

专业思想是对自己所学专业的正确认识，包括积极的态度和强烈的动机。专业与职业既有区别又有联系。专业是为职业服务的，职业对专业设置与内涵起导向作用。一般情况下，职业学校设置的专业是面向一个职业或一个职业（岗位）群的，例如钳工类专业，就包含了工具钳工、机修钳工、装配钳工、模具钳工等职业。把专业学好了，就可以适应多个职业岗位，就可以在较宽的职业范围内就业，也就增强了自己的职业竞争力。

2. 改变职业观念

职业指导有利于同学们养成正确的职业观，纠正择业偏向，树立正确的职业理想。

职业观就是关于职业价值的看法。不同的人有不同的职业观，例如，有人认为职业的唯一价值是获取生活来源，有人认为职业的价值更多地在于拥有一个社会角色以承担一定的社会责任，而有人则认为发挥自己的才干、实现自己的理想才是职业的价值所在。

职业观对一个人的职业选择和就业后的工作态度起决定性的作用。金钱价值取向的人容易不切实际地追求高薪、热门职业，地位价值取向的人会过多地关注职业的社会评价等。通过职业指导，可以帮助我们客观地认识职业的本质，正确地分析各种职业现象，从而对自己进行正确的职业定位。

21 世纪，我国既需要发展知识密集型产业，也需要发展劳动密集型产业。经济建设和社会发展对人才的要求是多样化的。新中国历史上的第一次全国人才工作会议将技术技能型人才列为人才培养的重点，深刻地表明了我国在一段相当长的时期内对技术技能型人才的需求状况。职业指导的基本观点是“有用即人才”“行行出状元”。因此，接受职业指导有利于形成科学的职业观，有利于个人进行正确的职业选择，从而有利于实现职业理想。

3. 提高就业能力

职业指导有利于提高同学们的生涯设计能力、求职能力、职业适应能力和创业能力。

职业指导不仅有一套科学的理论体系，而且还是一种科学的应用技术。职业指导课程就是在科学的理论指导下，通过系统的教学和训练，帮助同学们达到下列目标：

（1）了解社会和职业状况，认识自我个性特点，激发全面提高自身素质的积极性和自觉性。

（2）了解就业形势，熟悉就业政策，提高就业竞争意识和依法就业、依法维权意识。

（3）了解职业素质要求，熟悉职业工作规范，形成正确的职业观，养成良好的职业道德习惯。

（4）掌握就业的基本途径和方法，提高就业竞争能力，从而最终实现就业，并获得良好的职业发展。

（5）树立创业意识，了解创业知识，培养创业和立业的能力。

议一议

在学校开展的各项活动和开设的各门课程中，你认为哪些与你的理想职业关系最为密切？你从中学到了什么？

三、职业咨询

职业咨询是包括求职、就业咨询、创业指导、人才素质测评、职业生涯规划等一系列相关业务的人力资源开发咨询服务。当一个人在寻找职业或在职业发展过程中遇到问题、困惑时，可以向职业咨询专业人士进行咨询，从而获得系统专业的建议、信息、指导和帮助。

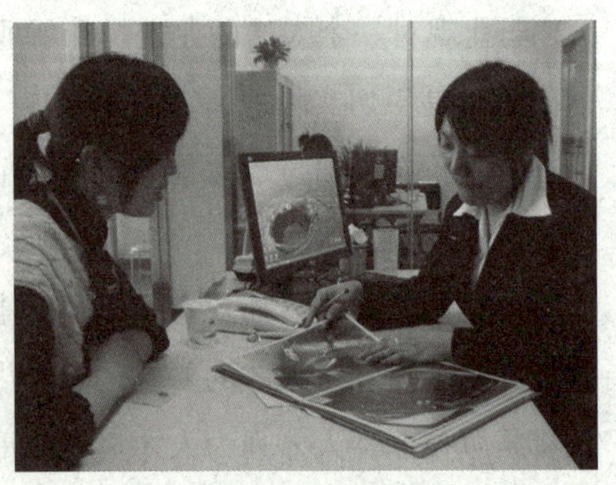

职业咨询是职业指导最重要的内容之一。通过职业咨询，可以了解更多的职业信息，加深对职业的认识，改变原来不恰当的职业观念和职业态度，从而获得科学合理的择业、从业依据，并实现职业目标。

案例链接

梦迪毕业后任中学语文教师已经两年，由于管不住学生，她所带班级的成绩并不理想，学校对其工作表现也不是很满意，再加上自己较强文字功底的特长得不到发挥，所以很苦恼。她想改行，但学校工作环境稳定，福利优厚；而如果重新择业，前景如何又无法预料，所以向职业咨询公司进行咨询。

从性格特点分析：梦迪文静，不善表达，而教师需要懂得如何管理学生，调动学生的积极性。梦迪的确不适合教师这个职业。

从职业兴趣分析：梦迪希望能够发挥自己的文字特长，而中学语文教师一职不仅不能满足她的兴趣，反而由于工作不顺利产生的苦恼、沮丧严重地打击了她的自信心。

通过分析认为：梦迪文笔优美，其内心职业倾向是发挥自身的文字能力，故推荐她从事广告文案或媒体文字工作，这些岗位对管理能力、口头表达能力要求不高，对梦迪来说可以扬长避短，发挥优势。

咨询结果：梦迪成功应聘到一家民营企业从事商情杂志编辑工作，半年后任该杂志专栏主编。

目前，职业学校都设有专门的毕业生就业指导部门，为同学们进行职业咨询服务。就业指导部门与政府部门、用人单位、劳动力市场有着紧密的工作关系，不但掌握最新的就业政策动态、劳动力市场需求形势等信息，而且有着丰富的职业指导经验，所以，当我们有了关于职业方面的问题、困惑时，可以随时咨询。

探究与实践

1. 就自己所学专业或职业理想方面的困惑，向班主任、任课教师或学校有关部门提出问题或建议。

序号	提问对象	问题或建议

2. 分小组，通过查阅资料、社会调查、专题咨询等方法，就本专业所属行业在本地区的发展状况写一份 1000 字左右的调研报告。报告需体现下列要点：

（1）相关企业的名称、地点、规模及其经营状况。

（2）相关职业岗位从业人员在劳动力市场上的供求状况。

第二课　就业与就业准入

一位哲人有三个弟子，一个已经学了三年，一个学了两年，一个才学了一年。一天，学了一年的弟子问老师：如果现在就去谋生，凭着自己的智慧，他能和两个师兄做得一样好吗？哲人没有直接回答，而是带着三个弟子来到一片麦田，让他们在麦田中摘一枝最大的麦穗，要求只能单向行走，并且每人只能摘一枝。于是，弟子们便逐一从麦田的一头出发了。学了一年的弟子刚走了几步，便摘下了自认为是最大的麦穗，结果发现后面还有更大的。学了两年的弟子一直左顾右盼，等快到终点时才发现，前面几枝最大的麦穗已经错过了，只好摘了一枝相对大一点的。学了三年的弟子走了三分之一路程时，即分出大、中、小三类麦穗，再走三分之一路程时，验证当初的判断是否正确，等走最后三分之一路程时，他选择了属于大类中的一枝最大的麦穗。

这个故事告诉我们，要想就业成功，就必须学习、学习、再学习，只有这样才能不断提升自己的就业能力，实现美好的职业人生。

第一节 就业

一、什么是就业

就业，通俗地讲，就是得到职业岗位、参加工作；从理论上讲，就是指具有劳动能力的人，运用生产资料从事合法的社会劳动，并从中获得劳动报酬或经营收入的经济活动。

根据这一定义，就业必须具备以下三个要素：

第一，就业者必须符合法定劳动年龄（16周岁），并且具有与所从事劳动相称的劳动能力，如体力、智力和技能等。所以，童工不算就业，雇用童工是非法用工。

第二，就业者所从事的是某种合法的经济活动，这种经济活动是社会分工的自然结果，提供的是满足社会需要的、符合社会道德的商品或服务。行乞既不为社会提供商品也不为社会提供服务，所以不是就业；有些所谓的“工作”虽然提供服务，但这种服务不符合社会道德和有关法律法规，所以也不是就业。

第三，就业者从事社会劳动的目的是获得相应的经济收入。所以从事无报酬的公益劳动、家务劳动不是就业。

就业的形式是多种多样的。到国家机关、事业单位、国有企业、私营企业、外资企业等社会组织中工作是就业；自己在家中加工产品出售是就业；进行证券投资获取投资收益是就业；出资开办公司并参与管理也是就业。劳动者在一定的社会组织中有职位，但由于疾病、事故、劳动争议、度假、旷工或因气候不良、设备损坏而临时停工等原因暂时不工作的也是就业。

有一种就业形式叫作“灵活就业”，是指非正规就业，这是国际上普遍采用的形式，也是我国正在倡导的就业形式。它可以分为非全日制就业、短期就业、派遣就业、独立就业、待命就业、承包就业、自营就业、家庭就业等。详见下表。

灵活就业的种类

种类	内涵
非全日制就业	非全日制就业的正常工作时间少于全日制正常工作时数。欧盟对非全日制就业的解释是指少于法定的、集体合同规定的或惯例的工作时间的就业
短期就业	用人单位根据生产经营情况与劳动者签订有一定雇用期限的短期就业合同。合同期间劳动报酬参照同类工作的正式员工水平而定，并在生产、业务方面与同类工作的正式员工一起接受用人单位的生产指令与监督管理
派遣就业	派遣公司（实际上就是短期就业的中介机构）与众多的用人单位建立劳务代办合同，为其输送急需或所需的人才
独立就业	劳动者不受雇于任何单位，而是与相关单位建立技术、技能服务关系，接到工作后独立完成，以工作量计算报酬。独立就业人员也被称作自由职业者
待命就业	指劳动者与用人单位就工作内容、劳动条件、劳动报酬等签订一份协议，但协议对工作时间不作规定，劳动者不是每天都去单位上班，而是随叫随到，完成单位临时交付的任务
承包就业	劳动者承包一项工作，与发包单位签订承包合同，以工作量定报酬，生产工具和原材料多由承包方负责。这种就业不发生劳动关系，劳动者不接受发包单位的劳动人事管理和生产指令
自营就业	劳动者自选项目、自筹资金、自主经营、独立核算、自负盈亏，由此获得经济来源以维持生计。这里所说的自营就业者既包括个体经营者，也包括自身也工作的非公司性企业的所有者
家庭就业	劳动者因各种原因，无法在社会上找到稳定的工作，因而依照他人指令在家从事生产、赚取收入的就业方式。这种就业多为来料加工，如服装、皮革以及电子产品的生产等

材料链接

非全日制用工属于灵活用工的一种重要形式。根据我国劳动合同法的相关规定，是指以小时计酬为主，劳动者在同一用人单位一般平均每日工作时间不超过 4 小时，每周工作时间累计不超过 24 小时的用工形式。

目前，我国非全日制用工形式越来越多，具体集中在餐饮、超市、社区服务、代账会计等领域。例如，从事送奶、送外卖、送花以及兼职家教等工作的人员大多属于非全日制人员。随着互联网经济的发展，未来非全日制等灵活用工方式必然成为企业用工的一种可行方案。

试一试

举出几种本校同学假期打工的形式，进行分析并填写下表。

工作内容	工时制度	报酬（福利）	就业方式

二、市场就业

1. 劳动力市场

劳动力市场是指劳动力供求双方进行劳动交易活动的总称。劳动力市场包括以下几个方面的要素。

劳动力市场主体 劳动力市场主体由劳动者和用人单位构成。劳动者以自己的劳动能力在市场上与用人单位进行交易，从而实现自己的价值，满足自己生存和发展的需要；用人单位在市场上选聘中意的劳动者，实现劳动者劳动能力和生产资料的结合，从而满足其生产经营、获取利润的愿望。

劳动力市场客体 劳动力市场客体是指用来交换的劳动力资源，包括劳动者的体力、智力、技能、素质、能力等。其特点是：与劳动者本人人身不可分离，能够为用人单位带来预期的利益。

劳动力市场中介 劳动力市场中介是劳动力市场上进行劳动力交换的媒介，如各地的职业介绍所、人才交流中心等。

劳动力市场过程 劳动力市场过程是劳动者与用人单位供需双方就劳动内容、劳动条件、劳动力价格（工资）等问题进行谈判、达成协议、完成交易的过程。

劳动力市场规则 劳动力市场规则是公平、等价与合法。公平是指劳动力市场遵循自愿、公正、公平的原则，反对垄断和欺诈，劳动者对用人单位有充分而广泛的选择权。等价是要求劳动力供求双方按等价交换的原则进行交易，劳动者获得公平的工资，用人单位获得符合生产需要的劳动力资源。合法是指劳动力资源的交换要符合劳动法等有关法律法规。

小张是某技校机械设备维修专业的应届毕业生，在人才交流中心，他从众多企业中选择了一家机械厂，并通过这家机械厂的面试，最终与其签订了劳动合同，实现了就业。在这个过程中，小张和机械厂都是劳动力市场主体，小张的专业技能、综合素质、工作能力是劳动力市场客体。人才交流中心就是劳动力市场中介，而机械厂与小张协商劳动合同的过程就是劳动力市场过程。在小张就业的过程中，双方都必须遵守公平、等价和合法的劳动力市场规则。

2. 市场就业方针

目前，我国坚持“劳动者自主择业、市场调节就业、政府促进就业”三结合的就业方针。

劳动者自主择业 劳动者自主择业就是劳动者按照社会的需要和自己的愿望，选择最符合自己兴趣爱好、个性特征和能力专长的职业，或在国家法律和政策允许的范围内从事个体生产、经营或其他形式的劳动。

劳动者自主择业有利于实现生产资料和劳动力的有机结合，有利于充分发挥劳动者的主动性和创造性，做到人尽其才。

市场调节就业 市场调节就业是指在劳动力市场充分发育的前提下，以市场机制配置劳动力资源，实现劳动者和用人单位的双向选择，满足双方需要。市场经济中的社会分工决定了不同生产领域、部门和岗位在经济利益上的客观差别，这就决定了只有市场调节就业才可以保证劳动者公平就业，并在客观上迫使劳动者不断提高自身职业素质。

目前，我国劳动力市场就业压力较大，竞争较为激烈。一些热门行业和经济效益好的单位岗位有限，应聘者众多；而由于科技进步，一些技术含量高的岗位又出现了乏人应聘的状况，如高级模具工、高级焊工等。这种结构性的就业矛盾，一方面使低素质的劳动者就业更加困难，另一方面也成为劳动者提升职业素质的强大动力。

政府促进就业 促进就业是政府的一项基本职能。

促进就业的主要内容是：

——国家通过促进经济和社会发展来创造就业机会，促进就业。

——国家采取措施，为国民进行就业服务，如对失业者提供职业指导、职业介绍和就业培训等。

——国家确保劳动者公平就业，使劳动者在就业时不因民族、种族、性别、宗教信仰等方面的差异而受到歧视。

3. 双向选择与竞争就业

双向选择是劳动者和用人单位相互选择的就业方式，是以劳动者个人和用人单位为主体的市场就业方式。

双向选择引入了竞争机制：一方面可以调动劳动者提高职业素质的积极性、主动性和对未来工作的适应性；另一方面还可以促使用人单位尊重知识、珍惜人才。

由于我国劳动力市场中劳动力数量相对过剩，因而更适合用人单位选择他们所需要的人才，这就使劳动者就业面临着激烈的市场竞争。在这种竞争中，劳动者要占据优势，必须具有较强的竞争力。一方面是面向其他劳动者的求职竞争，另一方面是适应就业岗位任职要求的自我竞争。要取得竞争成功，劳动者唯有储备知识、增强技能、调整心态才能争取主动。

议一议

一位女士前往一家公司参加面试。在乘坐电梯时，由于求职者比较多，电梯里的人挤得满满的。这时，一个西装笔挺的年轻人跑了进来，电梯间里立刻响起了刺耳的超载警告声。大家都把目光投向了那个最后进来的人身上，但他却丝毫不为所动。顿时，电梯间陷入了尴尬局面，虽然还有时间等下一班电梯，但谁都不愿意冒这个险，毕竟大家都想给主考人员留个不错的印象。由于这位女士站在靠边的位置，见此情景，就自然地走了出去。在被正式聘用后，她才知道最后跑进电梯的那位男士是自己的同事。乘电梯的事情也是公司事先安排的，是对求职者个人素养的一种考察。

这位女士应聘成功的原因是什么？这个案例说明一个求职者应该具备怎样的个人素养？

第二节 就业准入

一、就业准入制度

就业准入制度，是指根据《中华人民共和国劳动法》（以下简称《劳动法》）和《中华人民共和国职业教育法》的有关规定，对从事技术复杂、通用性广，涉及国家财产、人民生命安全和消费者利益的职业（工种）的劳动者，必须经过培训，并取得职业资格证书后，方可就业上岗的制度。

《劳动法》规定，从事技术工种的劳动者，上岗前必须经过培训；国家确定职业分类，对规定的职业制定职业技能标准，实行职业资格证书制度，由经过政府批准的考核鉴定机构负责对劳动者实施职业技能考核鉴定。2019 年 1 月，人力资源社会保障部发布了最新的国家职业资格目录，共计 139 项，其中包括专业技术人员职业资格 58 项（准入类 35 项、水平评价类 23 项）和技能人员职业资格 81 项（准入类 5 项、水平评价类 76 项）。这些职业资格基本涵盖了经济、教育、卫生、司法、环保、建设、交通等国家重要的行业领域，符合国家职业资格设置的条件和要求。

职业资格包括准入类职业资格和水平评价类职业资格两类。准入类职业资格关系公共利益或涉及国家安全、公共安全、人身健康、生命财产安全，均有法律法规或相关决定作为依据；水平评价类职业资格具有较强的专业性和社会通用性，其技术技能要求较高，适用于行业管理和人才队伍建设需要。对于准入类职业资格，劳动者必须持证上岗；对于水平评价类职业资格，劳动者可根据需要自愿参加评价鉴定。

资料链接

必须持职业资格证书就业的技术工种

1. 专业技术人员职业资格

教师资格，注册消防工程师，法律职业资格，中国委托公证人资格（香港、澳门），注册会计师，民用核安全设备无损检验人员资格，民用核设施操纵人员资格，注册核安全工程师，注册建筑师，监理工程师，房地产估价师，造价工程师，注册城乡规划师，建造师，勘察设计注册工程师，注册验船师，船员资格，兽医资格，拍卖师，演出经纪人员资格，医生资格，护士执业资格，母婴保健技术服务人员资格，出入境检疫处理人员资格，注册设备监理师，注册计量师，广播电视播音员、主持人资格，新闻记者职业资格，注册安全工程师，执业药师，专利代理人，导游资格，注册测绘师，航空人员资格，特种设备检验、检测人员资格认定。

2. 技能人员职业资格

消防设施操作员，焊工，家畜繁殖员，健身和娱乐场所服务人员，轨道交通运输服务人员。

议一议

2018 年 11 月 15 日 14 时，某地一栋高层公寓起火，起火点位于 10~12 层之间，整栋楼内有不少居民被困。最终，这场大火导致 58 人遇难、56 人失踪、70 余人受伤。查明事故原因，原来火灾是由无特种作业人员资格证的电焊工违规实施作业所造成的。

请举例谈一谈无证上岗会带来哪些危害，并说一说对持证上岗重要性的认识。

二、职业资格证书制度

职业资格是对从事某一职业所必须具备的知识、技术和技能的基本要求，是从事某一职业在知识、技术和技能方面的起点标准。

职业资格证书制度是国际上通行的一种对技术技能人才的资格认证制度，也是我国劳动就业制度的一项重要内容。它主要是指按照国家制定的职业技术技能标准或任职资格条件，由政府认定的考核鉴定机构对劳动者的技术技能水平或职业资格进行客观、科学、规范的评价和鉴定，对合格者授予相应的国家职业资格证书的一系列政策规定和实施办法，其本质是一种特殊形式的国家考试制度。

职业资格证书是反映劳动者具备某种职业所需要的专业知识和技能的说明，它是劳动者求职、任职的资格凭证，是用人单位招聘、录用劳动者的重要依据之一，也是境外就业、对外劳务合作人员办理技能水平公证的有效证件。

职业资格证书和学历文凭既有联系又有区别。职业资格反映了劳动者为适应职业劳动需要而要运用的特定的知识、技术和技能水平；学历文凭主要反映劳动者学习的经历，是文化理论知识水平的证明。一个没有一定学历文凭的劳动者，是很难达到一定职业资格水平的；而一个只有学历文凭的劳动者，则需要接受相应的职业培训才能掌握特定职业的专业知识和操作规范，才能具备从事特定职业所要求达到的技术技能水平。

我国的职业资格证书分为 5 个等级：五级 / 初级工、四级 / 中级工、三级 / 高级工、二级 / 技师、一级 / 高级技师，它们是职业技能水平的凭证，反映职业活动和个人职业生涯发展所需要的综合能力。各级技能的职业内涵详见下表。

职业资格等级及内涵

等级	主要内涵
五级 / 初级工	能够运用基本技能独立完成本职业的常规工作
四级 / 中级工	能够熟练运用基本技能独立完成本职业的常规工作；在特定情况下，能够运用专门技能完成技术较为复杂的工作；能够与他人进行合作
三级 / 高级工	能够熟练运用基本技能和专门技能完成较为复杂的工作，包括完成部分非常规性的工作；能够独立处理工作中出现的问题；能指导他人进行工作或协助培训一般操作人员
二级 / 技师	能够熟练运用基本技能和专门技能完成较为复杂的、非常规性的工作；掌握本职业的关键操作技能技术；能够独立处理和解决技术或工艺问题；在操作技能技术方面有创新；能组织指导他人进行工作；能培训一般操作人员；具有一定的管理能力
一级 / 高级技师	能够熟练运用基本技能和特殊技能在本职业的各个领域完成复杂的、非常规性的工作；熟练掌握本职业的关键操作技能技术；能够独立处理和解决高难度的技术或工艺问题；在技术攻关、工艺革新和技术改革方面有创新；能组织开展技术改造、技术革新和进行专业技术培训；具有管理能力

试一试

通过查阅资料，了解自己所学专业（工种）技师职业资格的任职要求。

三、职业技能鉴定

要获取国家职业资格，就必须通过国家职业资格考试。这种根据国家法律法规、按照国家职业标准，由考试考核机构对劳动者从事某种职业所应掌握的技术理论知识和实际操作能力做出客观的测量和评价活动就是职业技能鉴定。职业技能鉴定是一项基于职业技能水平的考核活动，属于标准参照型考试。它是国家职业资格证书制度的重要组成部分。

国家实施职业技能鉴定的主要内容包括：职业知识、操作技能和职业道德三个方面。职业技能鉴定分为专业知识考试（包括职业道德）和操作技能考试两部分。前者一般采用笔试的方式，后者一般采用在生产现场加工典型工件、生产作业项目、模拟操作等方式进行。试题或来自国家职业技能鉴定题库，或根据国家职业标准、职业技能鉴定规范和相应的教材来确定。

劳动者参加职业技能鉴定，必须明确申报级别。在一般情况下，高级工、技师和高级技师职业资格申报条件见下表。

高级工、技师和高级技师申报条件

级别	必备申报条件
高级工	具备下列条件之一者： 1. 取得本职业（工种）中级职业资格证书后，连续从事本职业（工种）工作 2 年以上，经本职业（工种）高级正规培训达到规定标准学时数，并取得结业证书 2. 取得本职业（工种）中级职业资格证书后，连续从事本职业（工种）工作 5 年以上 3. 取得本专业或相关专业大专学历以上并从事本职业工作 2 年以上
技师	具备下列条件之一者： 1. 取得本职业（工种）高级职业资格证书后，并在本职业（工种）连续工作 2 年以上，或者虽不满 2 年但具有相关职业（工种）的中级职业资格证书 2. 取得高级技工学校（或大专）毕业证书和高级职业资格证书并从事本职业（工种）工作 2 年以上；或取得一年半学制式技师学院毕业证书者并从事本职业（工种）1 年以上 3. 取得相同专业大学本科学历以上并从事本职业工作 3 年以上
高级技师	具备下列条件之一者： 1. 取得技师资格后，连续从事本职业（工种）工作 3 年以上 2. 取得技师资格后，连续从事本职业（工种）工作已满 2 年不满 3 年，但具有相关职业（工种）的高级职业资格证书 3. 取得相同专业硕士研究生学历并从事本专业工作 3 年以上

探究与实践

读读下列两则材料，谈谈自己的感想。

1. 2019 年政府工作报告提出，当前和今后一个时期，我国就业总量压力不减，结构性矛盾凸显，新的影响因素还在增加，必须把就业摆在更加突出位置，稳增长首要是为保就业。

“就业的结构性矛盾凸显，主要指两种情况：一种是有人没事做，缺乏创业意识，‘等靠要’思想严重；另一种是有事没人干，劳动力的素质和技能不能满足新的就业岗位的需要。”国家发改委社会发展研究所所长杨宜勇在接受《中国经济周刊》记者采访时说，要解决这些问题，必须把就业摆在更加突出的位置。

2. 2018 年 5 月，国务院印发《关于推行终身职业技能培训制度的意见》，该意见中最大的亮点在于“终身”两个字。终身职业技能培训制度以覆盖城乡全体劳动者，贯穿劳动者学习工作终身，适应就业创业和人才成长需要以及经济社会发展需求，来解决“终身”的问题。力争 2020 年后基本满足劳动者培训需要，努力培养造就规模宏大的高技能人才队伍和数以亿计的高素质劳动者。

第三课　职业心理倾向

池塘里的青蛙十分向往大海，大鳖说："我带你去吧，那儿不知要比这里好多少倍呢。"青蛙第一次见到一望无际的大海，惊叹不已，它迫不及待地扑进大海的怀抱，却被一个海浪打回海滩，摔得晕头转向。大鳖见状，就叫青蛙趴在自己的背上，背着它向海里游去。

青蛙逐渐适应了大海，能自己游上一会儿了。过了一阵儿，青蛙渴了，但它喝不下又苦又咸的海水；它也有些饿了，却怎么也找不到一只可以吃的虫子。青蛙对大鳖说："大海的确很好，但以我的身体条件，不能适应海里的生活。看来，我还是要回到我的池塘里去，那里才是我的乐园。"

这个故事告诉我们：只有适合自己的，才是最好的。

第一节　职业兴趣

一、职业兴趣的作用

古人说："知之者不如好之者，好之者不如乐之者。"这里的"好"就是爱好，"乐"就是在爱好的基础上乐意去做，两者说的都是兴趣，只是程度不同罢了。

兴趣是指一个人力求认识、掌握某种事物，并经常参与该活动的心理倾向。职业兴趣则是指人们在心理上对某个职业或工作所抱的一种积极的态度和强烈的追求。职业兴趣对人的职业活动具有重要影响。

首先，职业兴趣会引导人关注、喜欢某种职业，然后接受并胜任这种职业。其次，职业兴趣不仅可以使人的智力和技能得到充分发挥，而且能激发人的潜能，使之在职业活动中情绪高涨、大胆探索、富有创造性。再次，经研究表明，一个人如果从事有兴趣的工作，能发挥其全部才能的80%~90%，并且能长时间保持高效率而不感到疲倦；相反，如果从事不感兴趣的工作，则只能发挥其才能的20%~30%，不但效率难以提高，而且容易厌倦疲劳。最后，一个人如果具有多方面的职业兴趣，那么当需要转换工作岗位时，就能很快进入角色，适应新的环境，胜任新的工作。

职业兴趣与职业成就之间有着不可分割的关系。对此，美国心理学家斯特朗认为："职业能力与职业兴趣的关系恰似摩托艇的发动机与驾驶员的关系。发动机相当于能力，它决定小艇的速度；驾驶员则相当于兴趣，它决定小艇的方向。小艇前进的距离便是成就，这种成就的大小取决于发动机与驾驶员的综合作用。"

案例链接

"我年轻的时候，左看右看都不像是能成功的人。"马云这样说，"父母、老师都不觉得我将来会成功。"

马云年轻时的种种迹象也确实印证了其父母、老师的评判。读书成绩一般，上的大学也不是名校，就连找工作也是连连碰壁。当年，包括马云在内的24名同学一起到肯德基应聘，23个人都被录用，只有马云被拒之门外。

1994年底，已经30岁的马云邀请了20多个朋友到家里做客，他向大家宣布：自己要放弃英语老师的工作准备创业，要在互联网领域闯出一番天地。朋友中只有一个人赞同，其余的人都反对："你懂互联网技术吗?""你有资金吗?""你有经验吗?"……父母更是坚决反对，反对的理由让今天的马云都忍不住大笑，"父母说，看你长得就不是发财的样子，能发财的人耳朵都大，可你的耳朵那么小。"

对于父母、朋友的反对，马云并不意外。他觉得他们说得都没有错，自己确实不懂技术，也没什么钱，模样也不像能发财的样子。他自己也说不清为什么要创业，只是觉得不去做就很难受。

出乎所有人的意料，众所周知，马云成功了。

"有人说我想得远、跑得快，实际上我跟大家都一样，只是因为抓住了一个关键问题。"马云说的这个关键问题就是指自己的兴趣和爱好。他又对自己的兴趣进行了一系列探索，抓住了互联网技术开启的新时代机遇。

马云说，他在欧洲9个国家考察后发现了一个有意思的现象：中国人眼中富足的欧洲，它们的年轻人却有着种种迷茫，不知道自己的兴趣爱好是什么，找不到想要的东西。马云发现，这种迷茫，中国内地的年轻人有，中国香港的年轻人有，中国台湾的年轻人有，美国的年轻人也有。

在马云看来，找到一个自己感兴趣的方向，坚持做下去，这就是成功的秘密。"创业要选择自己喜欢的方向，找到一批志同道合的人，从最容易的地方做起。"马云说。

二、职业兴趣的形成与品质

职业兴趣并不是与生俱来的，而是在生活和职业实践中逐渐发生和发展起来的。一般认为，人们对职业的兴趣有如下特征：第一，对职业的兴趣从 15 岁开始逐渐固定，而 14 岁以前则动摇不定；第二，当社会环境、条件发生较大变化时，职业兴趣也往往会发生变化；第三，男女之间的职业兴趣差异往往在 14 岁左右表现出来，并且成人化趋势明显；第四，职业兴趣一旦形成，具体的兴趣对象可能经常变化，但总的兴趣类型则不易改变；第五，学校和家庭对学生职业兴趣的形成影响最大。

就某个具体职业兴趣的发生和发展而言，一般要经历这样一个过程：有趣——乐趣——志趣。

有趣 这是职业兴趣的低级阶段。例如，有人今天想当一名导游，明天又想当服装设计师，后天又对网络管理员感兴趣，这种职业兴趣是短暂的，往往只是一时心血来潮。

乐趣 这是职业兴趣的第二阶段，又称为爱好。它在有趣的基础上定向发展而成，比较稳定、专一和深入。例如，一个人对计算机维修感兴趣，他不但会主动学习这方面的知识，还会寻找一切机会进行装配和修理实践。

志趣 这是兴趣的高级阶段。当人的爱好与社会责任、职业理想结合起来时，他就会为之奋斗。

职业兴趣品质主要包括五个要素：兴趣的对象、兴趣的空间、兴趣的稳定性、兴趣的效能和兴趣的可行性。

在现实生活中，人们的职业兴趣是各不相同的。这种不同表现为个人职业兴趣品质的差异。例如，有的人对自然科学感兴趣，有的人对社会科学感兴趣；有的人对写作、设计等智力操作感兴趣，有的人则对维修、加工等技能操作感兴趣。不同的职业需要不同的兴趣类型，一个喜欢发明创造的人如果从事文秘工作便会苦不堪言；同样的道理，一个擅长技能操作的人如果从事推销工作很可能一事无成。这种兴趣品质上的差异，是人们选择不同职业的重要依据之一。

兴趣对象的差异 有的人偏重于物质生活需要，因此就比较倾向于职业的工薪待遇；有的人偏重于精神生活需要，因此就比较倾向于职业的社会地位；有的人可能对某种职业活动本身感兴趣，而有的人则可能对某种职业活动的目的、任务或产生的结果感兴趣。

兴趣空间的差异 有的人兴趣广泛，对许多事物都兴趣盎然，乐于探索；而有的人兴趣比较单调，把自己的注意力局限在狭小的圈子里，对除此之外的事物都不感兴趣。

兴趣稳定性的差异 有的人在短时期内对某一种活动的兴趣很浓，如痴如醉，但很难持久，过一段时间就会被另一种活动的兴趣所取代。而有的人则不同，其兴趣持久稳定，数年甚至数十年都不会改变。

兴趣效能的差异 兴趣的效能是指在职业活动中兴趣能够产生的效果，包括就业准备和求职行为。它取决于兴趣的性质，如果是出于乐趣，则其作用力就较大，就会积极热情，克服各种困难，以实现职业理想。

兴趣可行性的差异 有些人的职业兴趣脱离了客观条件且过于浪漫，往往想得好却做不到。而有些人的职业兴趣则是建立在切实可行的基础上，因此很容易心想事成。

三、职业兴趣的类型

霍兰德是著名的职业指导专家，他通过大量的实验研究，创立了职业兴趣理论。该理论将人的兴趣及社会职业划分为6种基本类型：现实型、研究型、艺术型、社会型、企业型和常规型，并以此建立了目前世界上应用最为广泛的霍兰德职业兴趣测验。该测验可以帮助个人了解哪种类型的工作对自己比较适合，同时也协助个人了解工作内容及环境。

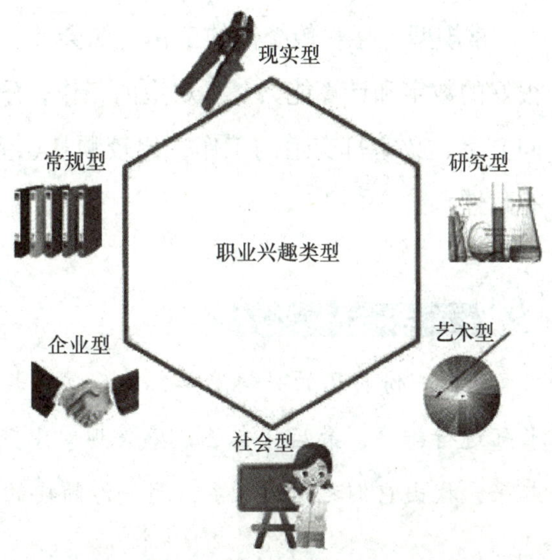

现实型 喜欢现实性的实在的工作，如机械维修、木工、烹饪、电气技术等，也称“体能取向”或“机械取向”。这类人通常具有机械技能和体力，喜欢户外工作，乐于使用各种工具和机器设备。这类人喜欢同事务而不是同人打交道的工作。他们真诚、谦逊、敏感、务实、朴素、节俭、腼腆。

研究型 喜欢各种研究性工作，如实验室研究人员、医师、产品检验员等。这类人通常具有较高的数学和科学研究能力，喜欢独立工作，喜欢解决问题；喜欢同抽象的观念而不是同人或事打交道的工作。他们逻辑性强、好奇、聪明、仔细、独立、安详、俭朴。

艺术型 喜欢艺术性工作，如音乐、舞蹈、歌唱等。这种兴趣取向型的人往往具有某些艺术技能，喜欢创造性工作，富于想象力。这类人通常喜欢从事同抽象观念而不是同事务打交道的工作。他们较开放、好想象、独立性强、有创造性。

社会型 喜欢社会交往性工作，如教师、咨询顾问、护士等。这类人通常喜欢周围有他人存在，对别人的事很有兴趣，乐于帮助他人解决难题。这种人喜欢同人而不是同事务打交道的工作。他们有责任心、善于合作、富于理想、热情、友好、善良、有耐心。

企业型 喜欢诸如推销、服务、管理类型的工作。这类人通常具有领导才能和口才，对金钱和权力感兴趣，喜欢影响、控制别人。这种人喜欢从事同人和观念而不是同事务打交道的工作。他们喜欢交际、敢于冒险、精力充沛、乐观、和蔼、细心、抱负心强。

常规型 喜欢传统性的工作，如会计、秘书、办事员以及测算员等。这种人有很好的数字和计算能力，喜欢室内工作，乐于整理、安排事务。他们往往喜欢从事同文字、数字打交道的工作，比较顺从、务实、细心、节俭，做事利索、有条理、有耐性。

试一试

列出一份自己的兴趣清单，然后按兴趣的强弱进行排序，再按兴趣持续时间的长短进行排序，最后将自己最感兴趣、比较感兴趣的对象和自己所了解的职业对应起来，找出它们之间的联系，写一份简要的评估报告。

兴趣 （随机排列）	兴趣强度 （从强到弱排列）	兴趣稳定性 （从长到短排列）	对应的职业 （自己了解的）

第二节　职业性格

一、职业性格倾向

性格是指一个人在生活中形成的对现实的稳固态度和行为方式。日常生活中人们经常使用的勇敢与懦弱、轻信与多疑、谦逊与傲慢等词语，都是描述人的性格特征的。

一般说来，性格本身无所谓好坏。例如，勇敢的人可能比较鲁莽，懦弱的人可能比较随和，谦逊的人可能比较圆滑，傲慢的人可能比较自信。总之，任何性格都有两面性。也就是说，某种性格特征可能既有好的一面，也有坏的一面。一个人的性格更适合从事何种职业，以及在职业活动中与职业匹配的程度，称为职业性格倾向。怎样才能让自己的性格在职业活动中表现出好的一面，避免坏的一面呢？关键要看这种性格特征在何种场合下面对何种事物。

管理和营销工作需要从业者“健谈”，但如果是一名汽车司机，“健谈”就是一种消极的性格特征，因为有研究表明，“健谈”的司机比“内向”的司机发生交通事故的概率要高好几倍。

根据自己的职业性格倾向选择职业与根据自己的能力特长选择职业相比，有时职业性格倾向显得更为重要。因为能力不够，还可以通过培训来提高、通过实践来优化，而要改变自己的职业性格倾向则困难得多。但这并不意味着职业性格倾向不可改变。比如，一个粗心的人长期从事文字校对工作，也会因职业的缘故而养成认真细致的作风，只是他为之付出的努力要比本来就认真细心的人多得多。换句话说，一个人从事的职业所要求的性格特征如果与自己的秉性不合，那么工作起来就有点像逆水行舟；而如果能顺着自己的性格从事适合的工作，则会如鱼得水，也就更容易取得职业上的成功。

议一议

谈谈《三国演义》中下列人物的主要性格特征。

曹操　刘备　诸葛亮　关羽　张飞　周瑜

二、职业性格类型

根据人的性格差异可以将性格划分出不同的类型。

1. 从职业对应的角度分为四类

敏感型　精神饱满，好动不好静，办事喜欢速战速决，但不够谨慎，行为有盲目性，有时情绪不稳定。这类人最多，约占40%，适合的职业包括行政人员、保安及一般职业。

情感型　感情丰富，喜怒哀乐溢于言表，不喜欢单调的生活，爱感情用事，对新事物感兴趣。这类人约占25%，适合的职业包括演员、导游、护士等。

思考型　善于思考，有比较成熟的观点，生活、工作有规律，时间观念强，做事严谨、精确，但有时比较刻板，不够灵活。这类人约占25%，适合的职业包括技师、财会人员和统计、调查人员等。

想象型　善于想象，喜欢憧憬未来，勤于思考，有时富有激情，但容易我行我素，不易合群。这类人约占10%，适合的职业包括科学工作者、艺术工作者、作家等。

2. 按照人的心理活动指向分为内向型和外向型两类

内向型　兴趣集中于自身内部世界，富于想象，不善言谈，喜欢安闲，有的人比较孤僻，遇事不愿他人提示或帮助，非极其熟悉的人不轻易相信。

外向型　兴趣集中于外部世界，开朗，好动，善于交际，容易信任他人，不拘小节，能将自己强烈的情绪表现出来，喜欢经常做不同的事情。

3. 按人的独立性程度可划分为顺从型和独立型两种

顺从型　喜欢按别人的意见或常规办事，希望别人能对自己负责而不愿意自己做主。

独立型　自尊，自信，喜欢自作主张，自主决策，敢于负责，应变能力强，喜欢让别人接受自己的观点。

4. 按人的气质分为兴奋型、活泼型、安静型和抑制型

兴奋型　直率，热情，精力旺盛，脾气急躁，情绪兴奋性高，容易冲动，反应迅速，具有外向性。这类人对需要长期细致的、专心的、宁静的工作很难胜任。

活泼型　好动，敏感，反应迅速，喜欢与人打交道，注意力容易转移，兴趣与情绪容易交换，具有外向性。这类人不适合从事过分细致、单调、机械性的工作。

安静型　稳重，反应缓慢，喜欢沉默，情绪不易外露，注意力稳定但较难转移，善于忍耐，具有内向性。这类人由于自制力强，镇静，不急躁，因而适合的工作范围较广。

抑制型　情绪体验深刻，行动迟缓，较为孤僻，具有很高的耐受性，善于觉察他人不易觉察的细节，具有内向性。这类人可以胜任兴奋型的人无法胜任的工作，比如检验员、化验员、机要员、文字录入员、校对等。

第三节　职业能力倾向

一、什么是职业能力倾向

能力是指一个人顺利完成某种活动所必须具备的一种心理特征。例如，有的人过目成诵，说明他有惊人的记忆能力；有的人出口成章，说明他有极强的言语能力；有的人运算敏捷，说明他有过人的数学能力。人的能力是在活动中形成和发展起来的，并在活动中得以表现，如空间想象能力、人际交往能力、组织控制能力等。

不同的职业对人的能力要求也是不同的。一般来讲，服务员、交通警察、驾驶员、机械操作员等需要较强的观察力和注意力；管理人员、解说员、导游、营业员、教师等需要较强的记忆力和语言表达力；设计人员、创作人员、策划人员等需要较强的想象力和综合力。

能力可分为一般能力和特殊能力两大类。一般能力是完成各种工作都需要具备的能力，主要包括注意力、观察力、记忆力、思维力、想象力等。特殊能力是在某些职业或活动中需要具备的能力，如操作能力、绘画能力、音乐能力、运动能力等。

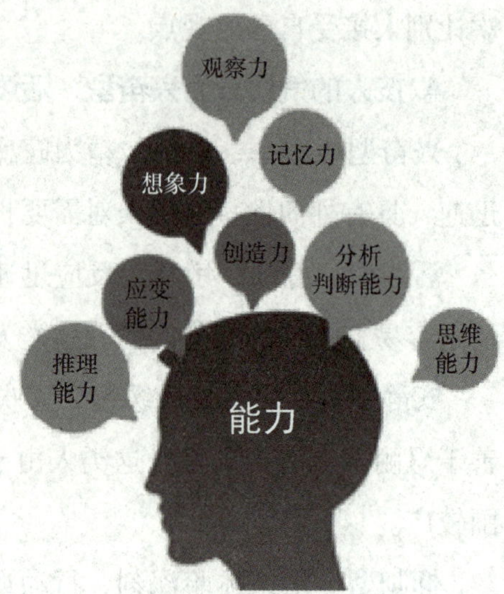

一般能力与特殊能力是相互联系的，从事某种职业既要有一般能力，又要有特殊能力。一般能力是特殊能力的组成部分，特殊能力又是一般能力的强化。其中，思维能力是人对事物进行分析、综合、抽象、概括、推理的能力，所有的职业都要求从业者必须具备一定的思维能力，因此思维能力是所有能力的核心。

人的能力是有差异的。就思维能力而言，有的人擅长形象思维，有的人擅长抽象思维，而有的人则擅长具体行动思维。如果根据这种思维类型来考虑职业的话，擅长形象思维的人适合创作、表演等文学艺术方面的工作，擅长抽象思维的人适合财会、化验等理论性较强的工作，擅长具体行动思维的人则比较适合从事机械装配、修理等动作技能性方面的工作。

职业能力倾向就是指自己的能力结构更加适合何种类型职业要求的一种趋势。因为“通才”和“全才”是极其罕见的，绝大多数人只是在某个方面具有一定的才能，如有的人善于思辨，有的人善于操作，有的人善于分析，有的人善于沟通等。这种个人能力优势一般情况下应作为决定自己职业取向的重要依据。一个人如果能够准确地认识并掌握自己的能力倾向，便能更好地确定自己的职业取向。

二、职业能力的三个层次

从职业活动的角度看，人的能力可以分为三个层次：特定能力、通用能力和核心能力。

特定能力　表现在每一个具体的职业、工种和岗位上的能力。这种能力的数量很多，但适用范围很窄。特定能力主要体现在《中华人民共和国职业分类大典》划分的各种职业中。在职业学校中，我们所学的专业课程主要集中在培养这种职业特定能力上。

通用能力 表现在每一个行业或者相近工作领域中存在的共性能力。这种能力的数量尽管少于特定能力，但其适用范围却要宽得多。例如，机械加工类工种都需要一定的识图与制图能力，营销服务类职业都需要一定的人际沟通能力等。通用职业能力可以使我们具有更广泛的职业适应性和职业竞争力。

核心能力 存在于一切职业中，从事任何工作都需要的、具有普遍适用性的能力。正像纷繁复杂的物质世界，在其深层次上仅由原子和电子等少数几种基本粒子组成一样，人类在社会活动中表现出来的多姿多彩的能力，在深层次上也仅仅由几种核心能力构成。特定能力好比露出海面的冰山一角，通用能力和核心能力则是海面下的冰山主体。相对于特定能力和通用能力，核心能力往往是人们职业生涯中更重要、最基本的技能，具有更普遍的适用性和更广泛的迁移性，其对人的影响和意义也更为深远。

一般来说，核心能力分为 8 项：交流表达能力、数字运算能力、革新创新能力、自我提高能力、与人合作能力、解决问题能力、信息处理能力、外语应用能力。

在职业能力的培养中，可以根据不同条件和需要，灵活地选择不同层面的能力作为重点。但是，由于通用能力和核心能力往往能为人们提供更广泛的终身从业和持续发展的能力基础，所以必须特别给予重视。

试一试

某公司招聘一名文秘人员，有 4 名应聘者进入最后的测评环节。公司发给每位应聘者一堆材料：该公司的宣传材料、财务报表、一些外部和公司内部的通知，甚至还有一些客户发来的传真。如果你是一名应聘者，你将如何处理这些材料？

三、职业能力倾向的形成与发展

职业能力的形成与发展是诸多因素共同作用的结果，是人在遗传因素的基础上，在丰富多彩的社会生活中经过教育和实践，再加上自己的主观努力逐步形成和发展起来的。

1. 遗传因素的影响

遗传因素是人的职业能力形成和发展的前提和物质基础。例如，先天失明的人难以形成绘图等职业能力，先天失聪的人难以形成演说等职业能力。但那种认为职业能力是先天决定的观点是错误的。现代生理医学表明，人的遗传因素的原始差别并不大，即使生理上存在某种缺陷的人，也可以借助机能的补偿作用——因某一方面的能力受到抑制而使某一其他方面的能力得到充分发展，而有所长。所以，遗传因素只能提供职业能力形成和发展的自然可能性，而绝不能决定职业能力的形成和发展。

2. 环境的影响

环境是职业能力形成和发展的重要外部条件之一，包括家庭、学校和社会环境。良好的家庭氛围、严格的学校教育和良好的社会环境能够有效地促进个人产生发展职业能力的动机，并提供相应的形成条件。比如，家长的言谈举止会对孩子的人际交往能力产生潜移默化的影响；学校的课程体系和教育方式直接决定了学生职业能力的结构和层次；社会环境则主要影响人对职业的认识、评价和体验。但是，环境毕竟是外部因素，过分强调它的作用反而不利于职业能力的形成和发展。

3. 实践活动的影响

一切职业能力都是在实践中形成和发展起来的，而培养职业能力的目的也是为了适应职业活动的要求。所以，现代企业在招聘员工时非常注重人的实践经验；报考高一级国家职业资格时，也有专业工作年限的限制。这些都说明了实践对职业能力的形成和发展具有决定性影响。

4. 个人主观努力的影响

个人的主观努力是职业能力形成与发展的内因。任何职业能力都不会不学自通。一分耕耘，一分收获；一分努力，一分才能。许多人尽管天资平平，但由于后天的勤奋努力，最终取得了很大的成绩。美国作家海伦·凯勒，19 个月大时生了一场大病，从此失明、失聪，但她却奇迹般地学会了英文、法文、拉丁文甚至希腊文，成为举世闻名的作家、教育家和社会活动家。可见，“勤能补拙”确实是至理名言。

另外，也不能忽视知识对能力形成和发展的作用。一方面，知识的学习需要一定的能力作为基础，这就是人们常说的学习能力；另一方面，广泛而牢固的知识又是促进能力获得与提高的条件，所谓“心灵”才能“手巧”，尤其是心智能力的获得与提高，更需要有坚实的知识作为基础。

试一试

填写下表，并制定出提高、优化自己职业能力的具体措施。

你认为自己哪方面比较聪明	
你认为自己更擅长哪种思维	
除了学业你最喜欢哪些事情	
与认识的人相比，你有哪些优势	
你具有哪几种核心职业能力	

第四节 职业取向

一、职业价值观

价值观是一种关于什么是“值得”的看法，是推动并指引一个人做出决定和行动的原则和标准。一个人的价值观，主要受制于他所处的社会文化背景，特别是家族传统与教育的影响，同时，也受制于一个人的个性、能力、情绪等心理因素。

职业价值观是关于什么职业才是“值得去追求”的一种看法。从世界观和人生观的角度看，马克思在中学时写的《青年选择职业时的考虑》中，清楚地表明了他的职业价值观：“在选择职业时，我们应当遵循的主要方针是人类的幸福和我们自身的完善。”毛泽东在长沙第一师范学校读书时，就确立了为中国劳苦大众的翻身解放而奋斗的人生追求。鲁迅先是学医，后来从文，虽然职业改变了，但让他做出选择的标准却一直没有改变，那就是为了疗救病弱的中华民族。这些伟人后来都用自己辉煌的职业生涯印证和实践了青年时代的人生选择。所以，作为新时代的热血青年，应当自觉树立国家需要至上、社会利益崇高的基本职业观念，把国家需要、社会利益和自身条件有机地结合起来，认真学习，积极实践，为在以后的职业活动中发挥自己的特长、实现自己的职业理想做好充分的准备。

针对人们的职业活动，心理学家总结出了 13 种价值观类型，详见下表。

13 种职业活动的价值观类型

类型	主要内容
成就感	提升社会地位，得到社会认同；希望工作能得到他人的认可，对工作的完成和挑战成功感到满足
美感	能有机会多方面地欣赏周围的人、事、物，或任何自己觉得重要且有意义的事物
挑战	能有机会运用自己的聪明才智来解决困难，通常舍弃传统的方法而选择创新的方法处理事物
健康	包括身体和心理两个方面，工作能够避免焦虑、紧张和恐惧
收入与财富	工作能够明显、有效地为自己带来经济效益，从而改变自己的财务状况
独立性	工作中能够有弹性，可以充分掌握自己的时间和行动，自由度高
人际关系和谐	关心他人，爱与别人分享，协助别人解决问题，对人慷慨
道德感	与组织的目标、价值观及工作职责不相冲突，并且能够与之紧密结合
欢乐	在工作中享受生命，结交新朋友，与别人共处，一同享受美好时光
权力	工作中能够影响和控制他人，使他人按照自己的意愿行动
安全感	能够满足基本需要，远离突如其来的变动
自我成长	能够追求智能上的刺激，寻求更完美的人生，将工作与自己的智慧、知识及人生体验的提升紧密相连
协助他人	感到自己的付出对团队有益，别人因自己的主动合作而受益

虽然在“国家需要至上、社会利益崇高”这种基本观念上人们的看法是一致的，但在社会这个大集体中，由于种种条件的限制和各人情况的不同，对待具体职业的

态度还是有所区别的。这就需要每个人在得失之间做出选择。例如，是倾向于富有挑战性的职业，还是更喜欢合作性强的工作？了解自己的价值观，就可以理解在有些问题上自己为什么和其他人的看法有出入了。同时，在此基础上考虑职业问题，就可能使结果更符合自己的心愿，从而在以后的职业活动中表现得更成熟、更理智、更客观。

试一试

填写下表，发现并认识自己的职业价值观。

职业价值观 （按照自己认可的程度排列）	对应的职业 （简要描述该职业的价值发展目标）

二、职业取向测评

职业兴趣告诉我们想干什么，职业性格告诉我们适合干什么，职业能力告诉我们能干什么。一个人如果能够清晰地了解这些知识，那么对自己将来可能从事的职业就有了一个初步客观、明确而理智的认识。这种认识被称为职业取向。

职业取向直接影响我们对职业的选择。因此，我们必须正确地了解自己的职业取向，就像打仗一样做到“知己知彼”。“知己”就是了解自己与职业有关的各种特征，其中最重要的就是兴趣、性格和能力倾向等职业心理，从而知道自己想从事哪些职业、适合从事哪些职业以及能否干好这些职业等。“知彼”就是了解有关职业的知识，其中最重要的是从事某职业所要求的个性心理、能力素质及专业知识和技能等。如果对这两个方面都心中有数了，那么择业时就有了可靠的依据，就不会盲目追求所谓的热门或高薪职业，就业时就不会四处碰壁而无法“入行”或者“入错行”了。

“人最不了解的往往就是自己”“人贵有自知之明”，这些格言道出了人认识自己的难度以及重要性。那么，应该怎样正确地认识自己呢？这就需要有目的地进行职业取向测评。测评的主要方法有自我测评和职业测评。

自我测评 按照一定的方法，运用一定的工具对自己各方面的素质进行分析和评价，明确自己的优势和弱点，从而对自己的职业潜力和职业方向有较为准确的认识。

例如，可以通过各科学业的学习情况了解自己的思维类型：文科成绩较好则说明自己在形象思维方面可能有优势，理科成绩较好则说明自己的抽象思维能力较强，生产实习成绩较好则说明自己更擅长具体行动思维。

还可以通过与他人进行对比来了解自己的能力状况。例如，在校园活动中自己总是能支配他人并能获得他人的配合和支持则说明自己的组织能力较强，在征文活动中总能获奖则说明自己的文字能力较强，在专业技能竞赛中获奖则说明自己的职业技能水平较高等。

前面所做的一些“试一试”，也是一种自我测评。自我测评的优点是方便灵活；缺点是随意性较强，完整性、准确性不够。

职业测评 人才中介机构、职业咨询公司、职业指导人员或用人单位运用科学的职业测评工具和方法对求职者的职业心理倾向做出较为客观的判断，告诉其适合做什么工作或不适合做什么工作。

随着劳动力市场的建立、完善和用人观念的改变，职业测评在我国逐渐流行起来。例如，公务员考试设有“行政职业能力倾向性”测验。职业测评由于技术性较强，因此需要训练有素的职业指导（咨询）人员或者人力资源专家进行测评并解释测评结果。

试一试

尽可能多地列出你所知道的职业名称，从中选出你认为适合自己的职业，并写出理由。

三、情境体验

情境体验主要是让自己在一个实际工作岗位上，或者通过模拟的工作岗位来进行实际的生产劳动，展现自己的职业素质，体验职业的岗位内涵，进而验证自己是否具有从事某种职业活动的潜质。

进行情境体验的途径主要有：专业技能训练、生产实习、校园文化活动、社会实践、假期打工、创业尝试等。

探究与实践

1. 在规定的时间内整理自己的课桌，然后由老师按照既定的标准进行评价。

2. 下面是微软公司录用新员工用过的一些面试题（每道题均没有标准答案）。上讲台，尝试回答其中一题，然后由老师或同学进行评判，也可以分小组讨论其中的某一个问题。

（1）在不使用天平的情况下，怎样称出一架喷气式飞机的重量？

（2）为什么镜子里的影像是左右颠倒而不是上下颠倒？

（3）你在船上，把一只箱子抛起来，水平面会升高还是下降？

（4）世界上有多少钢琴调音师？

（5）一天中钟表的指针重叠多少次？

（6）迈克、托德两人一共有 21 美元。迈克的钱比托德多 20 美元，两人各有多少钱？在答案中不能有分数。

第四课　职业生涯设计

有一只毛毛虫，它爬呀爬，爬过山又爬过河，终于来到一棵苹果树下。它并不知道这是一棵苹果树，也不知树上长满了红红的苹果。当它看到同伴们往上爬时，也不知所以地跟着往上爬。没有目的，不知终点，更不知生为何求、死为何所。它最后的结局是什么呢？也许它找到了一个大苹果，幸福地度过了一生；也可能在树叶中迷了路，颠沛流离，稀里糊涂地过了一生。不过可以确定的是，大部分的毛毛虫都是这样活着的。

另一只毛毛虫也来到了树下。这只毛毛虫相当难得，小小年纪就研制了一副望远镜。在爬树前，它利用望远镜先搜寻了一番，并找到了一个心仪的苹果。它还发现，从下往上爬时，会遇到很多分枝并有很多不同的爬法。他很细心地从苹果的位置判断自己目前所处的位置，并记下这条确定的路径。于是，它开始往上爬了，每当遇到分枝时，它一点都不慌张，因为它知道自己该往哪条路上走而不必跟着别的虫去挤“独木桥”。譬如说，如果它的目标是一个“大学”苹果，那么它应该爬“升学”这条路；如果它的目标是“一技之长”苹果，那就应该爬“技能成才”这条路；如果它的目标是“老板”苹果，那就应该爬“创业”这条路。最后，这只毛毛虫应该会有一个很好的结局，因为已选好了道路，规划好了自己的一生。

读了这个故事后，你想要做一只怎样的毛毛虫呢？

第一节　认识职业生涯

一、职业生涯的主要阶段

职业生涯是指一个人一生从事职业活动的全过程。

美国职业指导专家萨帕把人的职业生涯分为 5 个主要阶段。

1. 成长期（0~14 岁）

在这个阶段，个人通过与家庭成员、教师、朋友建立关系，逐渐形成了自我的概念。这个阶段的职业心理特征主要有：

第一，对职业充满幻想和憧憬。由于不用考虑职业的现实性，这种想象大多出于一时的兴趣而对某个职业产生崇拜，进而在脑海里勾画出自己未来的职业形象，如天文学家、宇航员、将军、主持人等。

第二，职业角色模仿。以游戏、玩耍的方式扮演各种自己喜欢的职业角色，如警察、医生、教师等。在模仿中开始对职业的具体行为进行认识。

2. 探索期（15~24 岁）

在这个阶段，在社会、学校和家长的影响下，个人开始认真地思考和探索各种可能的职业选择，并试图将自己的职业选择与自己对职业的了解、自己的兴趣和能力、教师和家长对自己的评价等结合起来。这个阶段的职业心理特征主要有：

第一，对自己的兴趣、能力和性格有一个初步的评价。例如，“我对计算机很感兴趣，尤其是软件，所以我想成为一名计算机软件工程师”“我发现很多成功的企业家都是从推销员成长起来的，而我又非常喜欢和人打交道，所以我要做一名推销员、营销师”。

第二，开始考虑职业选择的现实性并进入劳动力市场。在这个阶段，个人虽然有职业理想，但是这种职业理想会根据社会环境的变化和自己的实际情况进行调整。在进入职业活动获得初步的职业体验后，会进一步认识职业的内涵及与自己职业理想的关系，通过改变自己或转换职业不断探索适合自己的工作。

3. 确立期（25~44 岁）

在这个阶段，个人能够找到合适的工作并随之全力以赴地投入到有助于自己职业发展的各种职业活动中去。人们会不断尝试着寻找与自己的兴趣、能力、个性及价值观更接近的理想职业。这个阶段的职业心理特征主要有：

第一，职业目标基本确定，但并不稳定。一方面个人会判断现任职位是否适合自己，另一方面所在单位也会考察个人是否胜任岗位要求。因此，变换岗位甚至职业是一种正常的职业选择活动。

第二，职业发展方向明确。在职业基本确定后，一个人可能会变换工作岗位或单位，但通常是在一定的职业领域内工作，以期获得职业的深入发展。

第三，承担更多的压力。主要有工作任务的压力、家庭生活的压力、人际交往的压力和年龄增长的压力等。

第四，满足更高层次的需求。根据马斯洛的需求层次论，在获得满足生理需求、安全需求等基本需求的稳定工作后，归属需求、尊重需求及自我实现需求就变得现实起来，如果这些需求不能从职业活动中获得一定的满足，就会产生失落感，甚至会因怀疑自己的能力而产生心理障碍。

第五，容易产生职业危机。在这个阶段，多数人都会对自己的职业和能力进行重新评估：我是否正确地选择了自己的职业？我是否完成了自己的职业目标？我得到了什么？我的付出值得吗？我的下半生应该做什么，如何去做？经过这种近乎伤害性的评估，如果有人发现现实与理想距离遥远，就容易产生职业心理危机。这种危机或激励人们重新进行职业定位，或陷入自卑、无助的心理泥潭而难以自拔。

4. 维持期（45~60 岁）

在这个阶段，人们一般已在自己的工作领域取得了一定的成绩，有了较为稳定的地位，因而将大部分精力都放在保持成绩和地位上。

在这个阶段，一部分人开始拥有第二职业、第三职业。有的人提前退休，利用退休金作为保障，开始新的职业甚至创业，或者不以获取报酬为目的从事自己喜欢的、以前不能从事的工作。

5. 衰退期（60 岁以后）

在这个阶段，有的人职业生涯到此结束，有的人虽退而不休，但也是“夕阳无限好，只是近黄昏”。职业生涯的结束会对人的心理、生理造成重大的影响。最常见的就是有的人认为自己已经是一个对社会无用的人了，而有的人由于不能面对退休的现实而危及身体健康。

二、不同职业阶段的职业对策

议一议

说说自己曾经有过的职业梦想，以及这些梦想破灭或改变的原因。现在已经或正在做哪些关于职业的探索？是否有了明确的目标？为什么？

人在初涉职场时无法了解、体验自己在未来各个职业阶段的职业状况和职业心理，而职业指导专家不但能够描述职业生涯的主要阶段，而且可以针对不同职业阶段可能出现的主要问题提出对策建议，目的是使个人的职业生涯设计更有前瞻性和可行性。

职业指导专家把职业生涯分为早期（30岁以前）、中期（30~50岁）和后期（50岁以后）。

1. 职业生涯早期

职业生涯早期主要是指从进入职场前的职业选择、职业培训到开展职业活动的前几年，一般在30岁以前完成。这个时期需特别注意以下几个问题：

重视第一份工作 第一份工作对个人的职业发展非常重要，在获得第一份工作前，必须进行充分的职业准备。例如，选择一所好的学校，可以受到好的职业培训；学习一个好的专业，可以拓展自己的个性；养成一个好的观念，可以支持自己的职业选择；等等。另外，第一次工作一定要给同事留下良好的印象。心理学研究表明，给人的第一印象会产生深远影响。一方面，积极肯干可以赢得领导和同事的信任；另一方面，努力工作所养成的职业习惯会使人终身受益。

尽早确定职业发展方向 在职业发展的早期，要尽快明确自己的发展方向，尽量不要将这个“使命”推到职业生涯的中期。因为人生毕竟是有限的，如果能把自己的主要精力和时间放在自己选定的目标上，则更容易取得职业成就。在现实中，许多人常常在职业发展方向上漂泊不定，从而走了不少弯路。我们经常会发现这样一些人，他们一直没有明确的努力目标，不考虑自身的特点，什么“热”就干什么。到头来和一直在一个职业方向上努力的人相比，竞争力自然就下降了。

勇于承担责任和挑战 在职业发展的早期，应尽量多争取一些显示自己才华的机会，勇于承担一些富有挑战性的工作和责任，这样容易得到他人的认可，从而有利于自己未来的职业发展。如果你是在企业里从事机械维修工作，那么新机器的装配和调试就是一项富有挑战性的任务；如果你是一名人力资源管理者，那么组织策划大型的员工培训活动就是一个显现自己才华的机会。当你第一次承担这样的任务时，一定要做好充分的准备，应考虑到可能遇到的各种问题以及应对措施，从而确保成功。

案例链接

静雅在技工院校学的是会计专业，在毕业前做职业生涯规划设计时，她制定的中期目标是到当地某企业做一名主办会计，然而该企业财务部的入职标准必须是名牌大学会计专业的优秀毕业生。但静雅没有放弃，她应聘成为这家企业的一名清洁工。

静雅把厂区打扫得干干净净，不留一点儿死角，还主动将可以回收的废品分门别类整理好，交给后勤部门处理。不久，她成为仓库保管员，不但物品管理得井井有条、账目做得一丝不苟，而且还对一些生产用料的使用提出合理化建议，为企业节约了不少成本。后来，财务部的一位出纳休产假，单位领导让她临时顶岗。几年后，静雅成为财务部副经理。

静雅之所以成功，在于做清洁工时就树立了当会计的目标。因此，她每天所从事的工作、所考虑的问题，甚至她的一言一行，都在为实现自己的目标而努力，并为此积累素材、创造条件。

2. 职业生涯中期

正视现实，坦然面对 职业生涯中期会出现一些困惑。一种情况是，个人职业发展不理想，人到中年还一事无成，找不到自己应有的位置，甚至由此失去对生活的信心；另一种情况是，个人职业发展虽然比较顺利，但由于个人欲望的不断提升，也会面临如何更好地发展等问题。在这种情况下，需要坦然面对。也许理想的职业目标根本无法实现，那么不妨适当降低职业目标。也许当初的选择有问题，那就需要努力奋斗，任何结果都应该是可以接受的。

重新认识自己，提高职业竞争力 职业生涯中期，自己能干什么、发展前景如何已开始明朗，但如果还要谋求更好的职业发展，就必须提高自己的职业竞争力。那么，应如何提高竞争力呢？对处于职业生涯中期的人来说，终身学习的理念尤为重要。因为在这个时期，学生时代已经远去，原有的知识已经老化，而社会的发展在不断加快。例如，过去的秘书只需要接电话、发传真、写文稿就能胜任，而现在还需要懂计算机、会外语、沟通协作能力强等。可以说，一个人如果不学习新知识，就难以胜任以前很拿手的工作。

保持身心健康 职业生涯中期，各种压力纷至沓来，这时应特别注意身心健康。首先，要以积极平和的心态应对年轻人的挑战。其次，应该实施定期的身体健康状况检查，尽早发现问题并及时进行治疗。最后，合理安排工作时间，做到有张有弛。

3. 职业生涯后期

这个时期，人的体能和智力均呈现明显下降的态势，许多人已经退休或者面临退休。

调整心态，为退休做必要的准备 有些人在退休之前心理准备比较充分，对自己的生活有计划和打算，能很快适应退休后的生活；而有些人尚没有意识到未来的生活与现在工作的区别，没有做好充分的心理准备，特别是缺乏必要的爱好和活动安排，一旦退休，就会感到严重的不适。所以，应尽早为退休做好各方面的准备，特别是心理准备。

培养年轻人 到了职业生涯后期，许多人将培养年轻人作为自己的一项重要任务。一方面处处以实际行动为年轻人做表率；另一方面将自己的经验、技术用科学的方式传授给年轻人，从而在年轻人的成长过程中继续体现自己的社会价值。

试一试

访问自己的父母、祖父母或其他亲戚，详细了解他们的职业生涯及职业现状，写一篇500字左右的访谈录。

三、什么是成功的职业生涯

在现实社会中，人们对职业生涯是否成功的理解很容易偏重于地位和财富的满足。于是，许多人为了达到社会观念中这种成功的标准而拼命工作。如果达不到这个标准，或者没能在所期望的时间内达到这一标准，便灰心地认为自己是一个失败者。事实上，这是一种对职业生涯的错误认知。

职业生涯成功的定义不止一个。对不同的人来说，职业需求不同，职业目标各异，成功的标准也就不一样。有的人以获得社会地位和社会声望为成功；有的人以拥有一份薪资较高、安稳轻松的工作为成功；有的人以能够支配社会资源、获得很多财富为成功；有的人把勤奋工作、取得成绩看作成功；还有人以自己能帮助他人，使他人感到高兴和满足为成功。总的来说，个人职业生涯的成功有以下几种情况：

一是个人的价值取向、能力水平、个性特质与其所选择的职业相适应，而且在这一职业岗位上工作得心应手、顺心顺利。

二是个人有长远的职业目标，无论是一直从事某种职业，还是历经坎坷不断变换职业岗位，最终都实现了既定的职业目标。

三是在所从事的工作岗位上尽心尽力，做出了突出成绩，本人有一种自我满意感、成就感，或者得到了组织、同事的认同。

四是勇于创新，另辟蹊径。“不愿顺着老路走，而是在没有路的地方踏出一行新的脚印。”这样的人，在职业生涯中必定会不断探索，有所建树，即使未能取得成就，但其探索、奋斗的过程本身也是一种成功。

一个人要取得职业生涯的成功，其影响因素是多方面的。既有企业外部环境因素，如社会政治经济形势、经济体制、国家政策等；也有企业内部环境因素，如企业制度、企业领导人水平、企业文化与人际关系等。除此之外，还有个人因素，而这才是根本的、决定性的因素。

有学者研究了20世纪几百位成功人士，从他们的职业生涯中提炼出了获得成功的必备条件——信心、目标和行动。

信心 要做一个成功者，首先要相信自己能够成为成功者，明白人生掌握在自己手中的道理，有坚定的信念和意志，这是成功的先决条件。

目标　首先要确定一个总目标，然后再制定为达到总目标而采取的具体目标。人生的意义就在于追求目标，不断打破现状，不断超越自己。

行动　这是获取职业成功的关键因素。如果不付诸行动，所谓信心、目标都只是空谈。要行动，就必须做到积极主动，坚持不懈，保持旺盛的激情，适应形势与环境，把握机遇，不断创新，有远见，有预见力，善于利用时间。

第二节　职业生涯规划

一、职业生涯规划的意义

古人云："凡事预则立，不预则废。"科学的职业生涯规划能帮助人们按照社会发展的要求，顺利地实现就业并在正确的道路上不断发展自己，最终实现职业理想，享受职业成功的喜悦。

1. 职业生涯规划有利于适应社会发展的需要

个人的职业理想必须依附于现实社会。社会在不断变化发展，从职业的角度看主要体现在以下两个方面：

职业竞争会越来越激烈　这种竞争首先表现为自己的工作能力能否匹配发展中的职业要求，其次表现为自己的工作业绩能否经受他人的挑战。

人员流动会越来越频繁　按照经济发展的规律，市场经济越发达，人员的流动越频繁。据统计，美国人平均一生要换 4 个职业。所以，在今后的社会环境中，职业岗位的变更是绝对的，而不变则是相对的。

一般而言，人在进行职业生涯规划时，总会倾向于社会发展所需的职业，迎合岗位对人的要求。所以，职业生涯规划无论是对个人还是对社会都是有利的。

2. 职业生涯规划有利于实现职业理想

一个人能否取得职业成就取决于很多因素。进行职业生涯规划就是要把各种因素都考虑进去，使自己的职业理想更具针对性、可行性。这样，一方面，可以将职业理想融入日常的生活、学习和工作之中，使自己的各种实践活动具有长远的目的性、计划性和条理性，从而有助于职业理想的实现；另一方面，一旦职业生涯中出现了机会或遭受到挫折，由于早有对策和准备，就不至于手足无措。可以这样说，职业生涯规划不一定能够保证事业成功，但没有职业生涯规划则很难成功。

3. 职业生涯规划有利于提升职业核心能力

职业生涯规划明确了一个人的主要职业方向和职业领域，所以人们在学习和工作中会注重职业特殊能力和通用能力的提升，尤其会注重相关职业核心能力的培养和提升。由于这些核心能力是从事任何职业都必须具备的基本能力，能够满足现代职业对人基本素质的要求，具有很强的迁移性，所以职业核心能力的提升对职业生涯中职业的转换和发展具有关键作用。

4. 职业生涯规划有利于掌握求职、立业或创业的知识和技能

职业生涯是一个人生过程，有了计划就要未雨绸缪，提前为职业目标的实现做好各种准备。求职、立业或创业是实现职业目标的必备步骤，因此，无论职业生涯规划的内容是什么，都必须要学习和掌握求职、立业和创业方面的知识、技能。

二、职业生涯规划的步骤与内容

确立职业志向 职业生涯规划的目的是获得职业成功并且少走一些弯路，因此必须首先确立自己的职业志向。职业志向是指个人追求的最终职业成就，如成为高级技师、掌管一个企业等。立志是职业人生的起点，也是事业成功的起点。它反映一个人的理想、胸怀、情趣和价值观，影响着一个人的人生价值。因此，立志是规划职业生涯的关键因素之一。

分析自身条件 职业志向能否最终实现，除了受很多外在因素的影响外，最重要的还是取决于自己内在的职业素质。因此，认识自己，正确地分析自身的各种条件是规划职业生涯的前提。只有认识自己，才能对职业目标做出正确的选择，才能对实现职业目标做出科学的安排。通过具体分析，才能认清

议一议

职业生涯规划的影响因素既有外因又有内因。说一说自己进行职业生涯规划的内因和外因有哪些。

自己的优势和短处，才能在职业生涯规划中扬长避短、趋利避害。

分析职业环境　每个人都处在一定的社会环境之中，离开了这个环境，便难以生存与成长。因此，在规划职业生涯时，要分析自己所处环境的就业特点、环境的发展变化趋势、自己与环境的关系、环境对自己提出的要求以及环境给自己带来的有利条件与不利因素等。只有对这些环境因素进行充分了解，才能使规划出来的职业生涯更加切合实际。

找准职业定位　职业定位正确与否，也直接关系到人生事业的成败。因此，应在认识自我和分析环境的基础上选择有利于自身发展的职业。

要做到职业定位准确，应着重考虑下列问题：

（1）自己的职业取向是什么？

（2）自己的职业价值观是什么？

（3）自己的职业优势和劣势是什么？

（4）自己和所处环境对职业发展的影响是什么？

（5）自己向往的生活方式和职业的关系是什么？

（6）自己能承受的职业压力极限是什么？

（7）自己如何适应不断变化的社会环境？

确定职业生涯目标　一个人事业的成败，在很大程度上取决于有无正确的目标。职业目标是职业志向的具体体现，是在做了各种职业分析和职业定位后确立的必须达到的具体标准。职业目标既是奋斗的方向，又是评价职业成就的坐标。方向可以让人一心一意，坐标可以使人修正航向。职业目标包括阶段性目标与最终目标。只有通过一个又一个阶段目标的实现，才能最终实现职业生涯的终极目标。

制订行动计划与措施　行动计划是指为实现目标而制定的具体实施方案，包括实现的时间、内容、方向等。措施是对计划的检查、督促和补救等，是实现计划的保证。一个人只有制订出切实可行的计划与措施，才能使职业目标得以实现。

行动计划的内容一般包括：

第一步：客观评价自己的职业发展情况，分析个性特点和强弱项。

第二步：准确定位自己的职业方向。

第三步：明确个人的短期、中期、长期目标与分阶段目标。

第四步：提供达到目标的可操作性方法。

第五步：挖掘自己所面临的机遇。

第六步：评估自己个人目标和现状之间的差距。

第七步：提高自己的简历质量。

第八步：改善自己的面试技巧。

第九步：搜集有效并具有针对性的职业信息。

第十步：学会应对工作中的压力。

评估与修订 影响职业生涯规划的因素有很多，而有些因素的变化是难以预测的。因此，要使职业生涯规划行之有效，就要对职业生涯规划进行评估与修订。其内容包括：职业的重新选择、职业生涯目标的修正、实施措施与计划的变更等。

职业规划的 5 个“What”

采用 5 个“What”的归纳思考模式，从“自己是谁”开始，然后一直问下去，共有以下 5 个问题。

（1）What are you？你是谁？是指对自己进行一次深刻的反思，比较客观地认识自己，将自己的优缺点一一列出。

（2）What do you want？你要什么？是对自己职业发展所做的一个心理趋向检查。每个人的兴趣和目标都会随着年龄和经历的增长而逐渐清晰。

（3）What can you do？你能做什么？是对自己能力和潜力的全面总结。能力的高低决定职业发展空间的大小，了解一个人的潜力应从多方面着手，如对事物的兴趣、做事的韧性、临时的判断力以及知识结构是否全面、能否及时更新等。

（4）What can support you？环境支持或允许你干什么？客观环境包括经济发展、企业制度、职业空间等，主观环境包括同事关系、领导态度等。两方面的因素应该综合起来考虑。

（5）What you can be in the end？你最终的职业目标是什么？明确前面 4 个问题，从中找到影响职业目标实现的各种有利和不利条件，列出不利条件最少的、自己想做且又能够做的职业目标，那么，第 5 个问题自然就有了一个明确的答案。

下面是一位同学在做职业规划时的思考：

What are you？李琳是某校计算机专业毕业生，优秀学生干部，学业成绩优异；辅修过心理学、管理学；参加过高校演讲比赛并获得名次；家庭经济状况一般，父母工作稳定，身体健康；性格偏于文静。

What do you want? 李琳最想成为一名教师，这不仅是她儿时的梦想，而且自己也比较喜欢这个职业。其次，她也希望成为公司的一名技术人员。如果出国攻读管理学方面的硕士，回国后做一名企业管理人员也是可以接受的。

What can you do? 自己做过家教，虽然不是教育专业出身，但在与孩子交流方面有天生的优势，看到所辅导的学生学习成绩进步时感觉很有成就感；做过学生干部，与同学相处得比较好，组织过几次有影响的大型活动；实习时在公司主要做一些技术开发工作，虽然没有取得较大的成就，但自我感觉还可以。

What can support you? 家里亲戚推荐她去一家公司做技术开发工作；自己已经申请了几所国外高校，但能否得到奖学金还是个未知数；曾有几家学校来系里招聘，但不是当教师，而是做技术维护工作，不知会不会还有学校来系里招聘教师；有同学开了一家公司，希望自己能够加盟，但不了解公司的具体业务，也不知道其发展前途如何。

What you can be in the end? 通过上述几个问题的思考，最终得出 4 种选择，分别如下：

（1）到一所学校当老师，自己有这方面的兴趣和理想，在知识和能力方面也不欠缺。不足之处是缺乏作为一名教师所需的基本训练以及一些教学技巧。

（2）到公司做技术人员。从行业发展来看，技术更新较快，需要随时进行知识更新。另外，这一行业压力较大，自己信心不足，兴趣也不是很大。

（3）去同学的公司。丢掉专业从底层做起，这个风险较大，与自己求稳的性格不符，同时也可能会有来自家庭方面的阻力。

（4）如果获得奖学金，可以出国读书，回国后还可以做一名企业管理人员，但不确定因素较多，且把握较小，自己可能始终处于被动状态。

上述李琳的职业规划，若单从职业发展来看，这 4 种选择都有其合理性。但如果仅从个体而言，显然第一种选择更符合其本人的职业取向。从心理学上看，做出第一种选择能够让她得到最大限度的满足感，在工作中也最容易投入，取得一定的成绩后也会有很大的成就感。从职业前途来看，教师这个职业也日益受到社会的尊重，社会地位呈上升趋势。从性格上看，这种职业也比较符合她偏于文静的性格特点。但她面临的主要困难是非师范生进入教师行业的门槛比较高，如果她确定自己的最终目标后，努力弥补与师范生在专业知识方面的差距，那么其实现自己的职业理想将为时不远。

职业生涯规划是一个动态过程，一个人只有在远大志向的引导下努力学习，不断调整目标与措施，才能一步一个脚印地走完美好的职业人生。

试一试

根据职业生涯规划的基本理念，以“我的职业生涯”为题，写一篇800字左右的文章。

探究与实践

1. 请一位自己喜欢的老师谈谈他职业生涯的过去、现在和未来，并与老师讨论你所关心的有关问题。

2. 尚德荣在《人才瞭望》中撰文，提出了职业生涯规划中的10个误区。请对照一下，看看自己的职业生涯规划有无文中所提到的问题，如果有，应如何纠正。

在做出一个切实可行的职业生涯规划前，应避免走入误区。

误区之一：我的目标就是当经理

不少人相信“不想当将军的士兵不是好士兵”。其实，现实生活中的情况是“将军”的位置很少，如果大家的目标都是当“将军”，那么这种主观愿望就会与客观现实产生差距，使你在执行计划时产生挫折感。因此，制定职业生涯规划要从实际出发，切实可行。

误区之二：能做好下属就能做好主管

有人认为，只要把本职工作做好，就可以升任主管。其实不然，优秀的运动员不一定是好教练，一些表现优异的工程师或销售人员升任主管后却表现不佳，这是因为主管还需要具备专业技术工作以外的能力，如决策能力、协调能力、领导能力等。所以，在某个职位做得好，并不一定在其他职位也能做得好。

误区之三：成功的关键在于运气

很多人坚信成功者是由于有好的机会，因此，他们总是被动地等待命运的安排，而不去主动地计划、经营和把握自己的生活。

误区之四：做计划是人事部门的事，与我无关

职业生涯规划是组织和个人双方都应参与的事，最终的实现者是个人。因此，不能抱着做一天和尚撞一天钟的态度来对待自己的未来。

误区之五：只有加班工作，才会得到赏识

有些人以为在单位待的时间越长，越能显示自己的勤奋。其实，工作效率和工作业绩是最重要的，整天忙忙碌碌但不出成果，并不是一个有效的工作者。

误区之六：由领导决定升迁的快慢

如果过于迷信领导对你升迁的影响，你会因为迎合他的好恶而妨碍自己真正的成长。如果晋升失败，就又会归咎于领导，而看不到自己的问题，这样会使你走入歧途。

误区之七：只有改正了缺点，才能得到升迁

这种想法使人只注意到自己的不足，而忽视了自己的强项。一个人要完成自己的职业生涯规划，需依靠自己的优势，将自己的优势发挥出来后，再去试着纠正自己的弱点，这就是扬长避短。

误区之八：不管事大事小，都要尽力去做

有些人总说自己忙，老有干不完的活儿，这是由于事无巨细都要去做，结果浪费了很多时间和精力。正确的做法是，将要做的事做好计划，分清轻重缓急，要抓住主要矛盾，不要芝麻、西瓜一把抓。

误区之九：生活是生活，工作是工作，内外有别

有些人不愿意自己的家庭成员过问工作，觉得没必要让他们了解自己的职业生涯规划。其实，家庭的支持对于工作的成功很重要。另外，职业生涯规划也不要忽略了自己的生活乐趣，因为工作和生活都是人生的重要目标。

误区之十：这山望着那山高

这种心态会让你总是觉得别人的工作更理想，因此产生跳槽的想法，而没有想到要在新的工作岗位上建立新的人际关系，并面对新的矛盾和挑战。不管什么工作都是不容易的，因此，要客观分析自己的工作，并对其保持现实的态度。

第二单元 求职指导

学习目标

- ⊙ 了解如何获取求职信息、调整求职心理和制作求职材料
- ⊙ 掌握有关面试的知识技巧，提高就业竞争力
- ⊙ 学会适应职业要求，谋求就业后的职业稳定与发展

渴望成功与幸福，几乎是所有职业人共有的目标。每个人对未来的职场和人生都充满了憧憬与希望，同时也有不安和迷茫。从校园到职场，并不意味着学习的结束，而是意味着新的学习生涯的开始。

成功有道，失败有因。在职场的起航阶段，系统地学习，真实地经历，所面对的困难和积累的经验，都是我们的财富。愿我们能明晰未来的方向，朝气勃发，迈好职场的第一步，不负韶华，在职场的舞台上，收获属于自己的幸福。

第五课　求职准备

一位中国留学生曾应聘迪斯尼乐园的清洁工，虽然只扫两个月的地，但却要接受三天的岗前培训。在这三天里，他接受的培训有：熟悉乐园内所有游乐设施和公共设施的位置；学习修理轮椅和童车；学习各种照相机的使用方法；学会照顾孩子；学习简单的手语，等等。这一系列的服务培训，目的就是“使迪斯尼乐园的员工成为顾客最信任的人”。

事实也确实如此，在迪斯尼乐园诸多工种中，与游客接触最多的园内清洁工是人们公认的明星。他们对园内设施了如指掌，并且礼貌亲切、精神抖擞、仪表干净整洁、工作勤恳认真且工作方式富有表现力。

每一个职场舞台，都需要专业与敬业的人员，这个过程的实现，需要不断锤炼我们的专业技能，提升我们的专业素养。从现在开始准备起来吧，认真对待我们正在做的每一件事。

第一节 调适求职心理

一、不良的求职心理

求职就是根据自身条件、意愿，结合社会需要，选择适合自己专长发挥的职业岗位的行为过程。

初次求职的同学面对陌生的社会环境和强大的就业压力，有的跃跃欲试，有的懵懂茫然，有的忧心忡忡。由于能否得到一份满意的工作是检验自己能否被社会接受的试金石，所以多数同学都会出现不同程度的心理波动，这是正常的求职心理现象。了解这些心理现象，有助于我们适时调整心态，应对求职的挑战。

不良求职心理对成功求职是有害的。职业指导专家把常见的不良求职心理分为三类：一是求职目标与现实发生矛盾或冲突；二是缺乏主见；三是缺乏信心和勇气。每一类心理都有多种具体的表现，其中特别需要引起重视并加以调整的不良心态有以下几种。

过于自信 这类同学因为自己有某方面的长处，如技能突出、专业走俏、成绩优秀、善于交际等，求职时往往过高地估计自己的实力，表现得过于自信、自以为是，甚至目空一切，结果很可能错过良好的机会而难以实现求职目标。

案例链接

毕业生小巧，因为自身条件优越，所以在初试、笔试中一路过关斩将，很快就要接受公司老总亲自主持的面试了。面试前她想：老总面试只不过是做做样子而已，自己肯定能被录用。面试的时候，小巧显得满不在乎，根本不听老总在说什么，只是随随便便地应付老总对自己的问话，甚至随意地打断老总的谈话。渐渐地，老总脸上的笑容不见了……

盲目攀高 对求职者而言，人人都向往著名的公司企业、优厚的薪酬待遇、优越的工作环境，这本无可厚非，但如果有一味攀高的心理，求职时就会好高骛远，沉浸在理想的王国里。如果求职者偏偏是一个眼高手低的人，就更不愿脚踏实地地从平凡的岗位做起。这种攀高心理带有浓郁的个人主观意念和理想化成分，不切实际，所以一般情况下很难实现求职目标。

执拗心理 有些同学在规划好自己的求职目标后，一定要等待目标岗位的出现才肯就业，缺乏灵活性和变通性。这就使求职的范围大大缩小，从而导致求职成功的机会减少。

自卑畏缩 能够找到合适、满意的工作，对每个求职的同学来说都是至关重要的，但不少同学由于缺乏训练、性格内向或在求职过程中遭遇了挫折，便轻视自己，忧虑过度，甚至对求职产生恐惧心理，比如在招聘现场，或徘徊于招聘单位之间，或慌乱地递上材料等。

过度依赖 有部分同学认为只要父母或亲朋好友出面，找工作就不成问题，因此产生依赖心理，将求职的责任转给了父母、亲朋好友，自己却只是待在家中静候“佳音”。

盲目从众 有的同学缺乏自己的职业规划，对职业的认识比较肤浅，所以求职时会更多听从别人的意见、看他人的行动，或盲目追逐热门地区、热门行业、热门单位。人云亦云，互相攀比，以致不顾自身实际，不能扬长避短，从而难以选择到适合自己的职业岗位。

议一议

假如你现在需要求职，是否会出现上述某种心理现象？如果会出现，则可能出现上述哪些现象？你准备怎样应对？

二、正确的求职心理

不良的求职心态对求职是有害的。因此，只有培养良好的求职心态，才能正确地把握自己，提升求职的能力水平。

主动适应，敢于竞争 在现代社会中，竞争是其不断发展的内在动力，它不但促进和引导着社会的进程，也影响着每个人的职业人生。任何人都不能脱离人群而单独生存和发展，也不能完全自由地选择生存和发展的社会环境。面对社会，我们要做的只能是主动适应，适应由于自己社会角色的变化和社会本身的变化而产生的各种责任、要求和压力，并积极主动地融入其中参与竞争。“物竞天择，适者生存”是大自然的规律，也是我们求职就业的基本法则。

正视挫折，积极进取 求职过程中遭遇挫折，在当代社会中实在是再平常不过的事情了。一方面，市场经济社会是机遇与挑战并存的社会，一次挫折就是一次挑战，也蕴涵着下一次的机会；另一方面，挫折也提示我们，对于种种可能出现的状况，事先必须要有充分的思想准备和应对策略，要打有准备之战。这样，一旦挫折来临，就能够正确对待，并以锲而不舍的态度积极进取，直到求职成功。这一点极其重要，因为一次求职就成功的概率实在太小了。

案例链接

有个年轻人去某公司应聘，而该公司并没有刊登过招聘广告。见总经理疑惑不解，年轻人解释说自己是碰巧路过这里，就贸然进来了。总经理感觉很新鲜，便破例让他试一试。面试的结果出人意料，年轻人表现糟糕。他对总经理的解释是事先没有准备，总经理以为他不过是找个托词下台阶，就随口应道：“等你准备好了再来试吧。”

一周后，年轻人再次走进公司的大门，这次他依然没有成功。但比起第一次，他的表现要好得多。而总经理给他的回答仍然同上次一样：“等你准备好了再来试吧。”就这样，这个年轻人先后 5 次踏进这家公司的大门，并最终被公司录用，成为公司重点培养的对象。

有比石头还硬或比水还软的东西吗？为什么软水可以穿透硬石？唯有坚持不懈而已。

注重发展，淡化待遇 在求职过程中，求职者往往要面对“鱼”与“熊掌”的选择，比如是去大公司还是去小公司，是追求优厚的待遇还是注重能力的发挥。对此，我们不妨站得高一点儿，看得远一点儿。个人的职业发展前景才是需要关注的焦点，待遇应放在次要位置，不要急功近利。如果能够置身于一个有发展前途的单位，哪怕是一个极小的公司，其视野、机遇及前景也会有更大的空间，我们就可能随其成长而成长，随其发展而发展，从而最终实现人生的价值。

案例链接

当面试官问到期望薪酬的问题时，孙爽不紧不慢地回答："我觉得在一家好公司工作，待遇不是员工首先要考虑的问题。只要全身心地投入到自己的本职工作中去，追求上进就可以了，这也是一个称职的员工应该做的。"主管听后非常满意，就这样，孙爽顺利地进入这家心仪的公司工作。当然，孙爽知道，自己应聘成功并非只因对这个问题的态度和回答，但这个真诚的回答无疑让主管下定了要录取他的决心。

试一试

利用休息日到当地免费的劳动力市场（人才交流中心）进行一次求职实践，然后以"体验求职"为题，在班级做一次发言。

第二节 搜集就业信息

一、搜集信息的方法

就业信息不但包括具体用人单位的岗位需求信息，如用人单位的组织性质、人员结构、经营状况、工作环境、发展前景以及该职业在国民经济和社会发展中的地位、作用和发展趋势等，还包括国家的就业方针、政策、法规及地方性的就业政策。

全面搜集法 顾名思义，这种方法重在将某个方面的就业信息全部搜集起来。例如，将与专业有关联的就业信息搜集起来，再按一定的标准进行整理和筛选，以备使用。这种方法的优点是：搜集的信息量大，获取的就业信息广泛，选择余地大，经过整理后可以较为全面而深刻地了解从宏观到微观的就业形势。其缺点是：需要较多的时间和精力，需要求职者具有较高的信息处理能力。

定向搜集法 求职者根据自己的就业目标在一定的行业范围内搜集相关信息。这种方法的优点是：以个人的专业方向、能力倾向和兴趣特长为依据，针对性较强，便于找到适合自身特点、符合目标职业方向的职业和岗位，效率较高。其缺点是：如果选定的职业方向和求职范围过于狭窄时，则有可能大大缩小可选择的余地，特别是选定的就业目标是竞争激烈的热门工作，由于就业信息数量不够多和范围较窄，很可能在初次求职失败后，给下一步重新搜集信息带来困难。

区域搜集法 求职者根据个人向往的工作地点而专门搜集一个或几个区域内的相关信息，而对职业方向和行业范围较少关注和选择。如想到北京工作，就专门搜集北京的就业信息；想到广州工作，就专门搜集广州的就业信息。这是一种重地区、轻职业的区域内全面信息搜集法。按这种方法搜集信息和选择职业，可能由于地区的狭小和“地区过热”而造成就业困难。

求职者应当根据自己的实际情况将上述几种方法综合起来搜集信息。

二、搜集信息的途径

1. 通过学校获取就业信息

目前，各技工院校都设有就业指导机构，专门负责本校毕业生的求职就业工作。因此，作为应届毕业生求职者应首先从学校获取就业信息。与其他获取信息的途径相比，学校途径具有如下优势。

信息及时、真实、可靠 应届毕业生的就业率是检验技工院校办学质量的一项重要指标，所以学校对毕业生的就业问题非常重视。为此，学校与各级政府及有关用人单位都保持着密切的联系，从而保证了就业信息的及时、真实和可靠。

信息量大，而且系统 学校发布的就业信息由于出自专门机构和专职人员，所以不但在数量方面能满足本校毕业生的就业需求，而且还对信息进行了整理，以利于求职的同学正确解读这些信息。

有专职的职业指导人员 学校不但提供就业信息，更重要的是几乎每个学校都设有职业指导老师，或者聘请有关专家有针对性地对毕业生开展择业求职指导，以帮助毕业生正确运用信息，从而顺利就业。

2. 通过职能部门和服务机构获取信息

政府就业职能部门和社会职业中介服务机构是沟通用人单位和求职者的桥梁。求职者可以通过其发布的就业信息或组织的人才交流会、供需见面会等活动获取就业信息。

3. 通过新闻媒介获取信息

在传媒业高度发达的今天，用人单位常常通过报纸、杂志、广播、电视等大众传媒向社会发布用人需求信息。求职者可以通过这些传媒广告获取就业信息。但由于时间、篇幅的限制，这种信息往往不够具体，还需要用其他方法进行进一步的了解。另外，通过这些渠道发布的信息，其可靠性也需进一步求证。

4. 通过网络获取就业信息

不仅是即将毕业的毕业生，还有很多在职人员都会通过网络搜集招聘信息。如一些专业的求职招聘网站、用人单位的官方网站、门户网站的求职频道等。网络搜集方便快捷，资源广泛，信息量大，但也不可避免地充斥着很多虚假信息和垃圾信息。因此，通过网络搜集就业信息，需要谨慎小心。

5. 利用自己的人际关系获取信息

从家人、亲戚、朋友、同学以及他们的社会关系中也可以获得求职信息。这种信息针对性更强，通常符合求职者所希望进入的行业或地区，同时对用人单位可以进行更具体的了解，易于双向沟通，因而就业成功率较高。

6. 利用社会实践、实习等机会获取信息

技工院校学生在校读书期间，学校会多次组织社会实践、专业实习等活动。学校开展的这些活动，其目的是使学生接触社会、了解社会，使理论与实践相结合，做到学以致用。作为学生，要充分利用这些机会关注实习单位的用人需求情况，并为将来的就业做好准备。这样可以对用人单位有比较全面的认识，而一旦在这样的

单位求职，其成功率就会很高。

7. 通过电话、信件或走访等获取信息

求职者可采取向用人单位电话咨询、登门拜访等方式获取就业信息。这就要求求职者事先对某些单位的需求情况有一定的了解。通过这种渠道获取的信息其主动性强、盲目性大、成功率低，但也有成功的可能，在缺乏充足就业信息的情况下，也不失为一种获取信息的补充渠道。

在找寻工作的过程中，充分了解招聘渠道可以帮助我们获取更及时、更准确的招聘信息，从而使我们获得更多的面试机会。

试一试

就自己所学专业涉及的职业岗位，尽可能多地从不同的途径搜集本地区最近一个星期内的就业信息，然后填写下表。

序号	招聘单位	岗位名称	人数	招聘要求	信息来源

三、信息的筛选和运用

在当代社会中，信息的获取相对来说比较容易，但拥有就业信息并不等于就能顺利就业。因为信息有真伪，需要仔细进行辨别；即使有些信息是真实的，也未必适合自己。因此，首先必须对所获取的就业信息进行筛选，留下那些适合自己的，然后再运用这些信息为求职服务。

1. 就业信息的筛选

对就业信息进行筛选的过程，就是求职者结合自身的具体情况，对所搜集到的信息去伪存真、去粗取精的过程。筛选就业信息，应注意以下几点。

把握重点 搜集信息要全面，但筛选信息要有重点。什么是重点信息呢？就是根据求职计划，最符合自身求职条件的信息，其余的则是一般信息。重点信息与一般信息是因人而异的，一则就业信息对某个人来说可能是一般信息，但对另一个人来说可能就是重点信息。因此，面对浩如烟海的就业信息，如果不能把握重点，就

不能很好地运用信息来为自己的就业服务。

鉴别确认 不要以为从报纸、广播上得到的就业信息就肯定没有问题，因为用人单位在发布招聘信息时，有时会对某些内容加以粉饰；也不要认为亲自从劳动力市场上获取的就业信息就绝对可靠，因为目前我国的劳动力市场仍存在很多虚假信息；各种中介服务机构也可能会有失规范；对于亲戚、朋友告诉你的就业信息，也需要进一步确认，因为他们了解到的信息也可能是经过多次传递而获得的，这样的信息会产生很大的偏差。

分析已获取信息的具体情况 对某一用人单位的需求信息，可从其用人要求、具体岗位、工作条件、工资待遇及单位经营发展情况等方面做深入细致的分析，然后再对这些信息做出取舍。

需要注意的是，当筛选出对自己无用的就业信息时，应及时与他人进行交流，做到互通有无。因为对你无用的信息，对他人可能十分重要，这不仅是对他人的帮助，而且你也可能从他人那里得到对自己有用的信息。

2. 就业信息的运用

信息只有被利用才有价值。就业信息的运用，关键是适时，因为任何一则就业信息都是有时效的。当意识到某则就业信息是适用的，就应该及时勇敢地去实践，否则就会让其他求职者捷足先登，从而丧失一次良好的机遇。

就业信息还需灵活运用。因为用人单位的招聘条件并不是一成不变的，在招聘过程中由于受某些因素的影响，可能会发生变化。如一则就业信息中要求的学历与你的学历不相符，但其他条件你都符合，且这一岗位又是你所期盼的，这时你不妨试一试，否则有可能失去一次宝贵的机会。

试一试

在你所搜集的就业信息中，筛选出一个有效的、你最感兴趣的招聘单位，利用节假日去实地考察，写出考察报告并在班级内交流。

第三节　制作求职资料

个人资料是求职者求职时必不可少的书面材料，主要包括求职信、个人简历和附件。其中，附件是用来补充说明简历内容的材料，如学历证书、职业资格等级证书、获奖证书、有关证明、作品资料等。

一、求职信的写作

求职信是求职人向用人单位介绍自己的情况以求录用的专用性文书。

求职信的写作要点

1. 格式正确。
2. 求职意愿表示明确。
3. 内容简洁，层次清楚。
4. 富有说服力。

其中，正文部分要着重阐述下列有关问题：

1. 针对目标职位，你接受过哪些教育和培训？
2. 你具有哪些专业技能和工作经验？
3. 你具有哪些对做好工作有利的个人品质？
4. 有哪些事实证明你所说的资格和能力？
5. 个人的兴趣爱好有哪些？

以下是一封求职信。

尊敬的公司领导：

您好！

非常感谢您在百忙之中抽空阅读我的求职信！我是市技工院校电子商务专业的

应届毕业生吕伟。近期从学院双选会上了解到贵公司在招聘职员，自此毛遂自荐。

在校期间我学习了电子商务、市场营销、连锁物流、商业自动化技术、广告学等课程，对数据库及网页制作的实际操作掌握能力较强并且熟练掌握了 Office 办公软件。此外，还通过了全国计算机等级考试、电子商务师三级考试和英语口语中级考试，并取得了相关证书。

我学习成绩优异，屡次获得奖学金，这是对我学习态度和能力的一种肯定；我积极加入校学生会和院广播站，参加学校举办的主持人大赛，让我发现了自己的闪光点，并且变得更加自信；参加创业计划大赛，让我深知创业的不易，需从小处、从现在起做好知识、技能及各方面的储备；参加学院第二届技能大赛并获得二等奖，这是对我专业技能的一种肯定，也让我了解到团队合作的重要性；校园营销大赛让我学会了利用所学知识进行营销，使我明白了实践的意义。在校外，我参加过市电视台举办的主播大赛，也经常去敬老院、幼儿园参加义务活动，在能力范围内做自己力所能及的事情是一件很开心的事。

工学交替期间在市创业产业园做客服，让我学会了如何做一名称职的员工。实习过程中我吃苦耐劳，认真负责，懂得了如何处理同事之间的关系；暑假在一家网络科技有限公司担任市场专员，2 个月的时间，让我懂得了如何与客户进行良好的沟通；在牛排店担任储备干部期间，我从一个兼职服务员逐渐走到领导岗位，这种跨越让我懂得不仅要做好自己的本职工作，更要学习良好的餐厅管理和处理问题的方法。

我认为个人能力和团队合作能力同样重要。如果贵公司能给予我这个机会，我一定不负众望，为公司效力，并在最短的时间内适应贵公司的企业文化，实现双方共赢。

祝您工作顺利！愿贵公司的发展越来越好！

此致

敬礼！

求职者：吕伟

××××年×月×日

二、简历的制作

个人简历是求职者最重要的书面材料，它通常没有固定的格式。

一般来说，简历应包括四个部分。

一是个人基本情况。应列出自己的姓名、性别、年龄、籍贯、政治面貌、学校、系别及专业、健康状况、身高、爱好与兴趣、家庭住址、电话号码等。

二是学历情况。应写明曾在某学校、某专业学习以及起止期间，并列出所学主要课程及学习成绩、在学校和班级所担任的职务、在校期间所获得的各种奖励和荣誉等。

三是工作资历情况。若有工作经验，最好详细列明，首先列出最近的信息，然后详述曾经的见习单位、职位、工作时间等。

四是求职意向。即求职目标或个人期望的工作职位，表明自己通过求职希望得到什么样的工种、职位及奋斗目标，可以和个人特长等结合起来写。

每个人的特点及经历都是不一样的，这就决定了简历不能千篇一律，在简历中要反映出个性和创意。如果简历没有新意，无法做到与众不同，就不能引起用人单位的注意。

下面三个原则有助于让简历更加个性化。

一是要有重点。每个招聘者都希望看到应聘者对自己的事业采取的是认真负责的态度。不要忘记雇主是在寻找适合某一特定职位的人，如果简历的陈述没有重点，或仅仅把自己描写成一个适合于所有职位的求职者，那么应聘者则很可能无法在任何求职竞争中胜出。

二是把简历看作一份用来推销自己的广告。成功的广告要简短而富有感召力。应聘者的简历内容应该限制在一页纸以内，要陈述个人在求职中最大的优势，并将这些优势以经历和成绩的形式加以叙述。

三是要陈述有利的信息。招聘者对理想的应聘者有以下要求：相应的教育背景、工作经历以及技术水平，这是应聘者取得成功的关键。应聘者只有符合这些关键条件，才能打动招聘者，并赢得面试的机会。这样，简历中应不要有其他无关紧要的信息，以免影响招聘者的判断。

一般情况下，简历都应提供附件。附件除了相关的证明材料外，如果有行业专家或毕业学校的推荐信则更好。

值得注意的是，附件中的材料应提供复印件，原件要妥善保管。另外，求职时应根据目标单位选择附件，不必每次都将全部材料附上。

三、求职资料的包装

如果把求职的整个过程看作是一次求职者的自我推销，那么个人求职资料就是这次推销过程中的广告和产品说明书。对求职资料的包装可以从内容到形式上帮助求职者更好地展示、推销自己。

从内容上看，好的简历要放眼未来，要让用人单位相信自己能创造未来，而不是仅仅展示过去的成绩；从形式上看，要让用人单位感受到你充沛的精力和求职的诚意。

一份优秀的个人求职资料要做到以下几点：惜墨如金、措辞准确、诚实自信、体现能力、文字精准、形式悦目、制作精良。

1. 阅读下列报道，分小组进行讨论，然后由小组代表上讲台发言。

说起某校学生小王求职失败的经历，让人甚觉遗憾：一次求职不成，郁闷的他一气之下，竟然当场将自己的求职简历撕碎。事情说起来很简单，前几天小王前往一家房地产公司参加面试。在此之前，小王掂量了自己各方面的条件，认为自己这次一定能够被这家单位录取，所以面试时信心百倍。“尽管如此，我还是有点儿紧张，因为在应聘这家房地产公司之前，我已经有了6次求职失败的经历，这让我不堪回首。”昨天，小王在接受记者采访时说。小王的担心很快就成为事实，那家房地产公司以“条件不符”为由，礼貌地将小王拒之门外。一气之下，小王要回了自己的简历，当场撕了个粉碎，然后扬长而去。

2. 尝试为自己做一份求职资料，力求实用、新颖、美观。

第六课　面试

有一只想吃葡萄的狐狸，由于葡萄架太高了，跳了几次都没有咬到。它不像其他狐狸那样用“葡萄是酸的”来安慰自己，而是苦练跳高技术。终于有一天，它用一个漂亮的撑竿动作跃过了高高的葡萄架。它跳得实在太高了，乌鸦向它表示祝贺，说它创造了狐狸家族的跳高纪录。但狐狸冷静下来一想：葡萄在哪儿呢？我的目的是吃葡萄，又不是参加跳高比赛。于是它不理睬乌鸦，继续练习跳高。这次它仔细考虑了应该跳的高度、如何选择起跳点、怎样助跑等许多技术细节，最后它终于如愿以偿。

这个故事说明：要做成一件事，光有目标是不够的，还要不自欺、不旁骛、不懈怠，再加上恰当的方法。

第一节 面试概述

一、什么是面试

面试是招聘单位为了更好地了解应聘者的职业素质而设计的，以交流和观察为主要手段，与应聘者面对面进行的一种测试方式。面试与一般的谈话不同。

首先，面试中招聘者居于主动地位，应聘者相对被动；而一般谈话中双方的地位是平等的。

其次，面试中大多数问题是预先设计的；谈话的主题虽然可以预定，但谈话的内容可以多样化，随机性较强。

最后，面试的主要目的是甄选人员；而谈话的目的却很多，其过程更是强调双方情感的沟通。

案例链接

一家世界500强企业的面试主要考察应聘者四个方面的素质：第一，是否足够聪明；第二，是否有创新激情；第三，是否有团队精神；第四，专业基础怎样。每个进入面试的应聘者都要同该企业的5~8个人进行面谈，每位考官都有一套自己的问题。下面就是其中的几个经典问题：

为什么下水道的盖子是圆的？

你和你的老师发生分歧怎么办？

两条不规则的绳子，每条绳子的燃烧时间为 1 小时，怎样在 45 分钟之内烧完这两条绳子？

这些问题，考官并不想得到“正确”的答案，而是想看看应聘者能否找到最好的解题方法，能否进行创造性思维。

面试可以用在招聘过程中的不同阶段：有的是在招聘的开始阶段，用来初步剔除不合格的应聘者，比如航空公司招聘空中小姐，首先要通过面试淘汰一些外形不合格的应聘者；有的是在招聘阶段的后期，用以确定最后要录用的人员，比如销售公司招聘业务员，在通过笔试等各种测评后，用面试优中选优，以确定最后的人选；有的除了在招聘初期进行第一轮面试外，还会在招聘过程中进行第二轮、第三轮面试。

二、面试的内容

虽然从理论上讲，面试可以测评应聘者几乎任何一种素质，但由于人员的甄别与选拔除面试外还有许多有效的方法，如笔试、试用、体检等，而且每种方法都有其长处和短处，招聘者为了提高甄选的准确性，往往扬长避短地运用多种方法。单就面试而言，招聘者并不想面面俱到，而是有侧重地了解其最关心的内容。面试测评的主要内容详见下表。

面试测评的主要内容

项目	主要内容
仪表风度	这是指应聘者的体形、外貌、气色、衣着举止、精神状态等。仪表端庄、衣着整洁、举止文明的人，一般做事有规律、注意自我约束、责任心强
专业知识	作为对笔试的补充，招聘者通过面试了解应聘者掌握专业知识的深度和广度，是否符合招聘职位要求。面试时对专业知识的考查更具有灵活性，如可以随机提问，也可以要求应聘者现场解决一定的技术问题等

续表

项目	主要内容
工作技能	面试不但可以验证应聘者个人简历中对工作技能的描述，而且还可以考察应聘者的职业道德、责任心、主动性、思维力、口头表达能力等与职业技能相关的一系列基本状况
表达能力	面试中，通过考察应聘者是否能够将自己的思想、观点、意见和建议顺畅地用语言表达出来，不但可以判断其表达的逻辑性、准确性、感染力等是否符合职业要求，同时还可以判断其音质、音量、音调等是否符合职业要求
应变能力	主要看应聘者对招聘者所提问题的理解是否准确贴切，回答是否迅速、准确等：对于突发问题的反应是否机智敏捷、回答恰当；对于意外事情的处理是否得当、妥善等
人际交往能力	在面试中，通过询问应聘者经常参与哪些社团活动、喜欢同什么类型的人打交道、在各种社交场合扮演什么角色等，可以了解其人际交往倾向和与人相处的技巧
自我控制能力	自我控制能力对于一些从事特定工作的人（如服务人员、营销人员）尤为重要。一方面在遭遇挫折、委屈、压力时是否能够克制、容忍、理智；另一方面对工作是否有耐心和韧性
工作态度	招聘者往往要了解两点：一是了解应聘者对过去学习、工作的态度；二是了解他对招聘职位的态度。一般认为，对过去无所谓的人，在新的工作岗位是很难勤勤恳恳、认真负责的
求职动机	了解应聘者为何希望来本单位工作，对哪类工作最感兴趣，在工作中追求什么，从而判断本单位能否满足其要求和期望，更重要的是就此了解应聘者对招聘职位的“渴望度”和潜在的“工作热情”
业余兴趣	招聘者往往会询问应聘者休闲时间爱好哪些运动、喜欢阅读哪些书籍、喜欢什么样的电视节目、有什么样的嗜好等。了解一个人的兴趣与爱好，会对以后的工作安排有好处
行为习惯	招聘者通常会非常注意应聘者的行为方式，特别是细小的行为。因为下意识的行为可以真实地反映一个人的性格特征、道德修养等

此外，面试时招聘者还会向应聘者介绍本单位的基本情况、拟聘职位的情况与要求，与应聘者讨论有关工薪、福利等应聘者关心的问题，以及回答应聘者主动问到的其他问题。

三、面试的形式

面试的形式有很多，常用的有以下几种。

1. 结构性面试和非结构性面试

结构性面试是指有既定模式或程序的面试。招聘者事先详细拟定要提出的问题以及对这些问题的评价标准。面试时，招聘者按照所列的问题依次询问应聘者，逐项进行评价，最后再进行综合评价。结构性面试比较严谨，其设计比较复杂，需要专业测评人员才能进行。

非结构性面试是指没有既定模式或程序的面试。招聘者可以“随意”地向应聘者提出问题，也没有固定的答题标准。但这种“随意”并非海阔天空的闲聊，招聘者会在谈话的过程中对应聘者进行观察，并从中捕捉相关的信息。非结构性面试的优点是灵活性高，缺点是对测评内容可能会有所遗漏或测评不够严谨。

材料链接

比较常见的结构性面试题目：你的业余爱好是什么？你最崇拜谁？你的座右铭是什么？你的缺点是什么？你的一次失败经历告诉你一种怎样的心理体验？我们为什么要录用你？你希望与什么样的上级共事？如果上级和你的意见不一样，你该如何处理？你是应届毕业生，没有经验，如何适应我们单位的工作？

2. 压力面试和情景面试

压力面试是指招聘者有意对应聘者施加心理压力，使其焦虑不安的面试形式。这种面试的目的是考察求职者对压力的承受能力、面临压力的应变能力及人际关系处理能力。

面试中，招聘者有意问一些直率而又两难的问题，目的是使应聘者心里不舒服。如果应聘者合理地进行了处理，就说明其有良好的心理素质，能够在压力下保持冷静思维；反之，则说明其对心理压力的承受能力不够。

情景面试是让应聘者处于某一具体情景中，根据应聘者在该情景中的一些行为表现来观察其各方面能力的面试形式。如在某职场节目中，通过场外环节“职职实习记”，节目镜头完整地记录了求职者如何完成针对所求职位而设定的求职任务。这个任务环节就是典型的情景测试，此环节可以让招聘者进一步掌握求职者的能力，也是用人单位基本了解求职者的决定性环节。情景面试突破了常规面试中一问一答的模式，应聘者的才华能得到更充分、更全面、更真实的展现，招聘者对应聘者的能力也能做出更全面、更深入、更准确的评价。

案例链接

面试时间定在下午4点。小王精心准备了一番，兴冲冲地到达应聘地点时，离约定时间还早。整好衣服，小王敲敲面试室的门。听到“请进”后，小王推开大门，露出微笑，正准备打招呼，却听到了冷冰冰的声音：“现在是3点50分，你怎么来得这么早?”顿时小王的笑容凝固在脸上，尴尬得不知所措。

这位应聘者遭遇的就是一次压力面试——怎样面对挫折。这次招聘的职位是卖场推销员，在将来的工作中，他们面对的会是无穷无尽的拒绝。假设这位应聘者连面试中的“冷脸”都无法应对，那他怎么能面对将来的困难呢?

3. 单独面试和小组面试

单独面试是指招聘者与应聘者一对一地进行测试。这是一种最基本、最普遍的面试方式。

单独面试有两种类型：一种是面试过程中只有一个招聘者对一个应聘者进行测试；另一种是招聘方有多个考官同时或依次对一个应聘者进行测试。

小组面试又称为集体面试。面试时多位应聘者同时面对招聘者，回答同样的问题或完成同样的任务。面试官主要从内容和过程两方面对应聘者做出综合评价。在内容方面，主要考察应聘者所答问题的质量，有效发言的次数，是否善于提出新的见解和方案，是否能够根据别人的意见完善自己的观点，以及分析问题、概括或归纳总结不同意见的能力等；而在过程方面，则主要考察应聘者能否倾听别人的意见，是否尊重他人，能否控制情绪，以及发言的主动性、反应的灵敏性等。

在小组面试中，个人表现的差异由于存在直接的对比而显得极其鲜明，这种方式更有利于招聘者对应聘人员进行遴选。

四、面试的过程

见面寒暄阶段 在双方开始接触的阶段，招聘者一般会先做一番自我介绍，以表示对应聘者的友好和尊重。此时的题目往往很简单，主要用于打破僵局，如招聘者会问“今天来的路上堵不堵?”等这类问题。这时应聘者应以最快的速度使自己放松下来，调整好情绪，以最佳的心态进入面试。

询问问题阶段 这一阶段所提的问题大多是招聘者事先设计好的。当然，应聘者回答后，招聘者还可能临时追踪提问。一般而言，引发招聘者追踪提问的原因不外乎三条：一是应聘者的回答过于简单；二是应聘者的回答不够明确；三是对应聘者回答的某个方面产生了兴趣。

结束面试阶段 招聘者一般以这样的语言结束面试：“好了，我的提问结束了。关于岗位和公司，你还有什么问题吗?”最后招聘者还会告知应聘者下一步的安排，如什么时候会通知应聘者面试结果，以及会以怎样的方式通知等。

试一试

试试回答下列面试中常见的一些提问。

1. 请简要介绍一下你自己。
2. 你为什么应聘这个岗位? 如果不能如愿，你准备怎么办?
3. 你的领导让你做错了一件事情，又将责任全部推到你的身上，你该怎么办?
4. 你认为自己最大的优点是什么，最大的缺点又是什么?

五、招聘者的心理偏差

在面试过程中，招聘者处于主动、支配的地位，对应聘者的最后评价很大程度上取决于其主观判断。因此，招聘者在面试时会不自觉地产生一种优越感。这种优越感固然有利于招聘者主动性、积极性的发挥，但把握不好也容易形成极端化的倾向，形成对应聘者认识评价上的心理偏差。作为应聘者，如果能了解招聘者在主持面试时的一些心理特征，尤其是一些心理偏差，并提前做好应对准备，对争取面试成功是有帮助的。招聘者在面试过程中往往会产生以下几种心理偏差。

首因效应 首因效应也称第一印象，是指第一次见面时产生的印象，它往往是通过对对方的外部特征，如仪表、姿势、表情、眼神等方面的知觉，进而取得对对方的动机、情绪、心智、意图等方面的认识，最终形成关于这个人的总的看法。调查显示，大多数招聘者会在 10 分钟内形成关于应聘者的第一印象，而且 97.2% 的招聘者承认，对应聘者的第一印象，可能会或肯定会对自己的招聘录用决策产生影响。因此，招聘者对应聘者第一印象的好坏，对应聘者来说往往是应聘成败的关键。

近因效应 近因效应是指在总体印象形成过程中，新近获得的信息比原来获得的信息影响更大的现象。在面试中，招聘者常常会以记忆中对应聘者最清晰的印象作为主要的评定依据。而记忆中最清晰的印象，除第一印象外，也可能是刚刚形成的最新印象。求职者因为面试最后时刻的疏漏而功亏一篑的例子是非常多的，当然，在最后一刻博得招聘者好感而成功的例子也不少。

案例链接

刚刚毕业的小王参加了某公司组织的招聘面试，在最后离场时，面试官要求小王挪一下椅子，她没有多想，但在放椅子时发出了较大的声响，结果她因此而失去了这份工作。事后，小王深有感触地说："我当时把面试可能会考察的细节全都注意到了，衣着整洁干净，自荐材料制作精美，回答问题也可以说是干净利落，但万万没有想到主考官要我挪椅子竟然也是一种考试。"

晕轮效应 招聘者对应聘者某一方面的优点看得过重或特别欣赏，从而认为该应聘者在其他方面也很出色。这种由于局部印象而扩大到全面印象的现象，在心理学上称为晕轮效应，也称光环效应。晕轮效应是招聘者在评价应聘者时常见的一种心理现象。例如，招聘者对应聘者的"勤奋"有了好印象，就很可能认为他有事业心、有意志力、有远大志向等。之所以会产生晕轮效应，是因为招聘者对应聘者了解不多，而且掺杂了大量的个人主观心理因素，因此很容易带有很大的片面性。在晕轮效应基础上做出的判断往往是以偏概全的，总含有"一好百好"的心理倾向。

偏见效应　偏见效应是指招聘者对应聘者的某个缺点、短处看得过重，或特别反感，从而误认为该应聘者在其他方面也必定不会很好。偏见效应与晕轮效应的表现虽然相反，但都是以偏概全。例如，某招聘者看见应聘者迟到，就会不由自主地联想到此人自由散漫、没有计划、缺乏上进心和责任感、没有发展前途等。事实上也许根本不是这样的，但招聘者往往没有时间或没有意识深入细致地调查迟到的原因，而认为该应聘者“一坏百坏”。

刻板印象　刻板印象也称社会定型，是指人们常常不知不觉地把人进行归类，然后把对某一类人的总体看法转移到某一个人的身上。例如，名校学生的素质比较高，某人毕业于名校，因此此人的素质一定比较高，即使他在某些方面不能尽如人意。

相似效应　招聘者在与应聘者进行面谈时，往往会特别关注、体谅那些与自己的经历、行为、思想相类似的应聘者。例如，招聘者看到应聘者与自己是校友，甚至受过同一位老师的教育，就会自然会对其产生一种亲切感，从而给予较高的评价。

议一议

这些心理偏差现象在学校也存在，你是否遇到过？上讲台谈谈自己的感受。

第二节　面试技巧

一、面试前的准备

在招聘活动中，无论是初步筛选的面试，还是决定录用与否的面试，对应聘者来说，都意味着希望的有无、求职的成败。通常情况下，筛选面试会淘汰较大比例的报名者；录用面试中入围者与录用者的比例约为 3∶1，还是有人会出局。因此，接到面试通知的应聘者要积极行动起来，做好面试的各种准备工作。

面试准备主要包括心理准备、信息准备、资料准备，甚至还需要模拟训练等。

第一，要沉着冷静，调整心态。求职者可以尝试回答以下几个问题。

——这个单位为什么选中我面试？对它而言，我有什么长处？我的长处是否已经恰当地表现出来了？

——我还能展示哪些优点？如何展示这些优点？

——我的竞争对手有哪些优势？面对竞争我还应该做哪些准备？如果竞争失败，我该如何面对？

第二，要注意自我形象设计。整洁、干练、彬彬有礼的应聘者，容易使人接受；诚挚、协作、勤快的应聘者，总是受人欢迎；而疲惫拖沓、不拘小节，或浓妆艳抹、行为懒散的人，则令人不悦。

案例链接

美国通用汽车公司曾组织过一场独具匠心的面试，堪称经典。

在一个较大的房间内，应聘者需要走过长长的一段距离才能到达面试官面前。而一排6个面试官拿着应聘者的情况介绍表并不提任何问题，只是注视应聘者一分钟后即示意其离开，面试就结束了。应聘者们都丈二和尚摸不着头脑，觉得十分诧异，怎么不用回答问题呢？实际上，面试官从应聘者进门伊始的走路姿势、神态以及在面试官前的坐姿、举止，到被注视之下的表情、心理变化以及最终出门时的速度、动作，就可以判定这个人的气质、性格、自信心、创造性等，已经不需要再提任何问题了。

从这个案例来看，一个人的精神面貌、行为举止是其面试效果的加减分项，甚至会直接决定其面试结果的录用与否。

第三，要备齐求职资料。面试前再次检查所有的个人求职资料是否备齐，如个人简历、求职信、推荐信，及获奖证书、荣誉证书、学历证书、职业资格证书、上岗证书的原件或复印件，发表的文章、既往的工作成果等。应聘者对所有的个人求职资料要非常熟悉，并对每一种资料所能发挥的作用做到胸有成竹。这样，面试中介绍自己的能力和资格时才能有理有据，而不至于给招聘者留下夸夸其谈的不良印象。

第四，要了解面试单位及面试人员的有关信息。招聘是一个过程，它包括若干个环节。在面试之前，求职者所接触的可能只是一般的人事工作者、办事员；而面试时，才能见到人事总监或公司经理。应聘者能否被录用，主要取决于面试人员对应聘者的直接考察和最终意见。因此，应聘者要尽可能地了解面试单位和面试人员的情况，这样才能使面试中的表现更具针对性。

第五，准备可能谈论的问题。在面试过程中，会遇到不同类型的问题，这些问题旨在考察应聘者的工作经验和能力。准备一些可能会谈论的问题，这样会增强你的信心和竞争力。一般面试中常常会谈论的问题有：

——你为什么来本单位应聘？

——你认为你有哪些特殊才干？

——你对自己的能力有所了解吗？

——你找工作首先考虑的是什么？

——你对本单位了解吗？

——你参加过哪些社会活动？

——你觉得学历和工作经验哪个更重要？

第六，进行模拟训练。面试中可能会遇到意想不到的问题，这就要求应聘者能够灵活地做出反应。事先的准备不可能涉及所有问题，但是适当的模拟训练可以提高面试时的灵活性。

进行模拟训练的主要途径有四条：

（1）正规模拟。应聘者可去有关管理咨询公司、具有求职训练能力的职业介绍机构或某些从事求职辅导的心理咨询机构等，接受正规的面试模拟训练，这样可增强自信并提高成功率。

（2）实地演练。应聘者可到人才市场上体验招聘的程序与气氛，并有意识地参加一些面试，从中体会面试的感受，掌握面试的有关要领。

（3）请教“前辈”。应聘者可以找一些有过面试经历的人，请他们模拟招聘者故意为难自己，自己则从中发现不足并及时加以改进。

（4）自我操练。求职者可假设与面试人员面对面坐着，想象对方会提出什么问题，自己该怎样回答，要注意哪些事项等。自我操练是必不可少的模拟训练环节。

二、面试中的技巧

1. 见面礼仪

准时赴约 “宁早一刻钟，不晚一分钟。”准时到达不仅是基本的社交素养，更体现了应聘者对面试的重视及守诺诚信的做人准则。提前一刻钟到达，可以使应聘者在进入面试考场前有充足的熟悉环境、休息整理的时间，以便将自己调整到最佳状态，从容参加面试。

进房先敲门 在进入面试房间前，应聘者要先轻轻敲门 2~3 次，得到允许后再进去。如果叩门后没人应答，要等一到两分钟后再叩。即使门是开着的，也要象征性地敲门，获得允许后再进入。

向面试官问好 进入面试房间后，最好以 30° 的鞠躬方式向面试官点头问好，并说出自己的姓名及礼貌用语。这时，保持自然、热情的微笑是很重要的，这不仅说明应聘者是放松的，而且有利于应聘者与面试官进行积极的情感交流。

2. 入座礼仪

在礼貌问候后，面试官一般会请应聘者坐下，应聘者道谢后可以就座。若对方未请坐下，应聘者可以礼貌地询问：“我可以坐下来吗?”然后待面试官示意后方可就座。应聘者入座时的动作要轻盈和缓、从容不迫；应挺直腰杆，静静地坐下来，切忌发出巨响。

3. 身体语言

坐姿 在面试场合中，坐姿是一种最重要的肢体语言。其总的要求是坐姿端正，在找到应聘者的位子后，稳稳地坐上去，全身放松，上身略向前倾，两眼注视对方，表示认真专注且对对方的话题感兴趣。

站姿 站立时身型应当正直，头、颈、身躯和双腿应与地面垂直，不必刻意挺胸或抬肩，两肩相平即可。精神饱满、面带微笑，可以给人一种自信的感觉。

行姿 应聘者应迈着优美、稳健的步子走向面试官。优美的步态能够表现一种轻快自然、从容不迫的动态美。应聘者的步伐可以比平时加快四分之一，略快的步态会增强其信心。抬头、挺胸、加快步伐，应聘者会发现自己信心倍增。

目光 在面试场合，应聘者要善于运用目光与面试官进行接触。在打招呼或回答问题时，热情地注视对方，可以表现应聘者坚定的性格和自信心。目光自然真诚地注视对方，在面试官讲话的过程中适时点头示意，既是对对方的尊重，也可以显示自己的诚恳和不怯场。面试中目光游移不定或左顾右盼，则容易引起对方的猜疑，被认为是胆怯或不耐烦的表现。

材料链接

面试过程中，如果长时间注视对方的眼睛会使彼此都感觉紧张、疲劳和不舒服。因此，有三个部位可供选择：一是两眼至额头中部的上三角区；二是眼睛和鼻子的中三角区；三是鼻子和嘴巴的下三角区。例如，在多数情况下应聘者可以看着对方的嘴巴，若有特别需要强调的部分，再看面试官的眼睛，这样效果会更好。另外，每次注视面试官 15 秒左右后，可以自然地转向其他地方，如望向面试官的手、办公桌等其他地方，然后间隔 30 秒左右，再望向面试官的双眼鼻梁处。

4. 结束礼仪

结束面试时，应该静静地起立，避免将座椅发出声响，横移至座椅的旁边，并说“谢谢”“请多多指教”等道谢用语。走出面试房间时，身体应正面迎向面试官，再次向面试官道别，并将房门轻轻带上。如果在进入面试房间之前，有接待员接待，在离开时也应一并向其致谢告辞。

5. 语言技巧

语音语调 面试中要注意谈话的语气、声调、音量和速度，做到语气和缓流畅、声调抑扬顿挫、音量大小适中、速度快慢得体。

语言组织 应聘者在介绍情况、回答问题时，应该尽量做到：一是把自己的意思完整地表达出来；二是要条理清楚，层次分明，合乎逻辑；三是语言简练，没有废话。

回答面试问题的基本步骤是：倾听面试者说完后，沉思片刻再清晰作答。不要在面试官还没有问完的情况下就开始回答，要在理解面试官所提问题并整理好思路后再回答。为做到条理清晰，可以用“第一、第二、第三”或者“首先、其次”等作为开头语来组织语言；可以用“总体来讲”“综上所述”等作为最后结论语的开头。

自我介绍 自我介绍往往是面试中的第一项内容。通过“介绍一下你自己”这个常规问题，面试官以此来加深对应聘者的了解，应聘者则可以有条理、有重点地介绍自己与应聘岗位相关的知识、技能、经验和个性优势。自我介绍若回答得漂亮得体，会令对方印象深刻，有助于接下来的面试交流。

结合简历中的亮点，在自我介绍时可以进一步具体和细化，在思路上不妨围绕以下三个问题：

第一，“你曾经干过什么?”回答这个问题时，要突出“曾经干好过什么?”，即取得过怎样的成绩，包括学习、竞赛、实践经历等方面的。

第二，“你能干什么?”回答这个问题时，要表明自己的能力特长适合干什么，说出自己足以胜任招聘岗位的理由并摆出证据或事实。

第三，“如被录用，你将怎么干?”回答这个问题时，要大胆说出自己的设想，或用建议的方式，向招聘单位出点子，表明自己胸有成竹。

对于自我介绍的内容，最好事先打个草稿，试着讲述几次，时间不要长，控制在1~3分钟。

材料链接

自我介绍小技巧

独特。这可以让你在众多应聘者中第一时间就凸显出来。在自我介绍中务必把自己独特、与众不同的经历或特长说出来。

相关。记住面试官只是希望知道你的个人经历及特点是否有助于未来的工作。

联结。可根据面试前对公司的调查及了解，看看自己有没有和这个公司的文化特征相符合的一些特点。面试官一般倾向于选择那些和他们类似或他们喜欢的人。

富有激情。富有激情的自我介绍很自然地能给面试官留下深刻印象。因此，在准备时，除了熟练外，在语音语调上也要多加练习。

简洁。自我介绍的内容以及用词、叙述方式等都要简洁干脆。内容不用涉及过多的细节；讲话也要干脆，不要拖拉。

试一试

请同学尝试在大家面前做一下自我介绍。

答题技巧　面试中的答题过程，可以遵循以下五个原则。

——把握重点、简洁明了、条理清楚、有理有据。

——讲清原委、避免抽象。

——确认提问内容，切忌答非所问。

——有个人见解，有个人特色。

——知之为知之，不知为不知。

在具体的方法上，以下几点可作为参考。

一是在招聘人员提出问题之后，不管是熟悉的还是以前从没接触过的问题，都应稍作思考，思忖答题的角度，快速整理好答题思路，三思而后答。

对于有困难或者不懂的问题，一方面要诚实，不能不懂装懂；另一方面也要注意处理的技巧。例如，可以这样说："我对这个不是很了解，但我谈一下我的看法吧……"这样的回答即使不是很全面，也一定是经过了思考，做出了自己的尝试。对这类问题可以作简略回答或致歉不答，但绝不能置之不理。

二是在做具体详尽的论述之前，可以先有总括性的发言。例如，从开始就把想要表达的要点和结论点出，如"针对这种情况我分两方面来谈……""我在学好专业的过程中，对我影响最大的是……"，然后再陈述细节和理由。由简练到具体，观点明确，论述充分，表达明朗。

三是突出自己的优势，并把自己的优点和工作结合起来。参加面试的应届毕业生可以结合过去的各种长短期实习、打工经验，通过实际发生过的例子，展示自己具有的能力、素质、特长、技能及好恶、信仰等，包括如何处理人际关系、如何解决问题、如何胜任新工作等。用数据和事实说话，可以让对方更好地了解你。

材料链接

碰到没有事先准备过、思考过的问题，也可以这样做：

重述对方的问题。确认自己的认知是否正确，既可以避免答非所问的尴尬情形，又争取了缓冲的时间。

肯定主考官所提的问题是个很好且有深度的问题，并向对方说明：为了能完整呈现自己的想法，希望能有时间思考一下。思考时可以用条列式的方法，想出回答的重点，并在回答结束后，再以条列的方式重述回答的重点。

准备相关的文件，如以前做过的企划书、项目报告等，在面谈时适时拿出来加以补充、证明。这种方法除了增强说服力外，还可以展现自己做事有条理的一面。

试一试

每位同学尝试着就面试技巧中的弱项，在教师的指导下进行训练，并请同学进行评价，直至符合要求。

三、面试后的努力

很多人以为，在面试结束的那一刻，自己能否被录用就已经成为定局。然而，事实并非如此，因为面试后招聘者往往还要对求职者重新进行审视，如果能在招聘者最后决定之前做些工作，或许还能改变求职的命运。

1. 回顾与反省

面试回来后应聘者要仔细回忆面试的整个过程，最好把这些情况写下来，以便做进一步的分析。

在回顾中，一般要给自己提以下几个问题：

见了什么人（名字、头衔）?

对方的工作要求是什么?

首要目标和最大的挑战是什么?

为什么你能做这份工作?

哪些问题没有回答好？为什么?

双方共同认为下一步应该做什么?

最后几分钟里谈了些什么?

求职者必须从自己的表现中找出不足之处，只有这样，才能在面试后做出有效的努力。

2. 与招聘者进一步接触

面试结束后，求职者可写一封致谢信。这封信可能影响最后是你还是其他竞争者获得那份工作。致谢信要及时写好，最好是面试的当天晚上写好，次日就发出。

致谢信主要包括以下内容：

感谢对方花时间和自己面谈。

说明面谈给自己留下了愉悦的感受。

再次表明自己对那份工作的兴趣和信心。

如有必要，再给他们补充一两份先前没有提供的资料，借以证明自己确实适合那份工作。

上述工作也可以用电话的方式来完成。

四、面试中不良心理的克服

面试关系到求职者的美好愿景和个人前途，在这个努力争取的过程中，求职者难免会出现紧张情绪，如恐惧和怯场等。只要采取积极的措施缓解紧张情绪，就能发挥自己的正常水平，提高面试成功的概率。

对于面试本身，建议求职者应该在战略上藐视它，在战术上重视它。

战略上藐视就是要求职者在主观上不要过分加重一次面试的分量，从而给自己造成不应有的心理压力。谁都不能保证一次面试就成功，这次不成功，还有下次，下次不行，还有下下次……，要相信总会找到适合自己的位置。每参加一次面试，无论成败，都是个人经验的积累，对求职者都有着积极的推动作用。

战术上重视就是要多做一些模拟练习，这是克服紧张心理的一个很好的办法。首先，可以请同学、家长、朋友或老师做自己的观众，自己则站在高处，目视观众而不开口，进行心理体验。每次站立 10 分钟左右，直到进入状态为止。待进入状态后，再进行说话训练，开始时想怎么说就怎么说，讲自己熟悉和擅长的话题，也可以和观众进行现场交流，加强互动，锻炼自己思维的连续性。在此基础上，就可以进入命题讲话训练了。除特别复杂的问题外，每个问题的回答时间应控制在一分半钟以内。针对常见的面试问题，求职者应事先认真思考，形成基本的思路框架，这样面试时就可以从容应对了。另外，还应推敲自己讲话时的语度、表情等，以达到轻松自如的效果；练习如何用实例来生动讲述自己的经历，直到自己能熟练表达出来为止。经过多次练习，求职者的临场心理抗压能力和讲话能力都会得到提高，这样在正式面试时，就可以从容不迫、自然而然地表达自己了。

1. 下面是某知名企业的面试测评表，用此表进行一次自我评价。

要素	观察内容	提问项目	评价要点
礼仪风度	（1）仪容、衣着 （2）行为、举止 （3）敲门、走路、坐姿、站立等仪态 （4）口语表达		（1）穿着整齐、得体、无明显失误 （2）沉着、稳重、大方 （3）走路、敲门、坐姿符合礼节 （4）口语文雅、礼貌

续表

要素	观察内容	提问项目	评价要点
求职动机愿望		（1）你选择本公司的原因是什么 （2）你对本公司有什么了解 （3）你希望在公司如何发展	（1）是否以企业发展为目标，兼顾个人利益 （2）回答完整、全面、适当 （3）具有说服力
表现力、语言表达能力	（1）将自己要表达的内容条理清晰、准确地传达给对方 （2）用例、遣词准确 （3）发言符合要求 （4）谈话时的姿态、表情合适	（1）请谈谈你自己 （2）谈谈你的优缺点 （3）你的兴趣爱好是什么 （4）据你自我分析，最适合你的工作是什么	（1）谈话前后连续 （2）主题、语言简明 （3）逻辑清楚 （4）具有说服力 （5）遣词准确
社交能力和人际关系		（1）请介绍你的家庭 （2）你的朋友如何看待你 （3）你希望在什么样的领导下工作 （4）你交朋友最注重什么	（1）自我认识 （2）交往能力
判断力、情绪稳定性	（1）准确判断情况 （2）处理突发事件 （3）迅速回答问题 （4）处理难堪问题的反应	（1）假如A公司与B公司同时录用了你，你将如何处理 （2）公司工作非常辛苦，你将如何看待 （3）你怎么连这种问题都听不懂 （4）你好像不太适合本公司的工作	（1）理解问题的准确性、迅速性 （2）自我判断能力 （3）是逻辑判断还是感情判断 （4）有自己的独到见解
行动与协调能力、工作经验	（1）对自己认定的事能够坚持进行 （2）工作节奏紧张有序 （3）团队工作的适应性 （4）组织领导能力 （5）能够更多地从他人的角度看问题	（1）你从事过何种勤工俭学工作 （2）你参加过何种组织活动 （3）你对 ×× 问题有过何种研究	（1）表现力 （2）考虑对方处境和理解力 （3）实践能力 （4）交往能力

续表

要素	观察内容	提问项目	评价要点
责任心、纪律性	（1）负责到底的精神 （2）对工作的坚持 （3）令人信服地完成工作 （4）考虑问题全面	（1）你对委派的任务完成不了时，如何处理 （2）你对学校规章制度的看法是什么	（1）自信力 （2）纪律力 （3）意志力
个人性格品质	（1）有无不良的性格（过分狂妄和过分自卑） （2）有无偏激的观点 （3）回答问题是否认真、诚实	（1）你认为当代社会中一个人最重要的品质是什么 （2）你能否做到“受人之托，忠人之事”	（1）诚实、真诚 （2）人生观 （3）信用
专业技能学识	（1）对专业知识的了解程度 （2）学业成绩 （3）对所要从事工作的认识	（1）你为何选择你的专业 （2）介绍一下自己的学业成绩和所擅长的科目 （3）你有何种特长并具备何种资格 （4）谈谈你从事这项工作的优势 （5）你有什么工作经历	（1）专业学识是否符合工作要求 （2）有无特殊技能 （3）有无工作经历
综合评价	面试结束后的自我评价	经过上述面试，请你对你的面试结果做初步评价，并说明原因	（1）综合、全面评定 （2）尽量减少误差

2. 在教师的组织下，分小组进行一次模拟面试活动。

第七课　职业适应

要制作一把精美的小提琴，木料的选择是关键。匠人们在选择木材时，非常在意树木的年轮，在他们看来，每棵历经岁月洗礼的大树中都藏着一个精灵，而这个精灵正是一把琴的灵魂。

木料选准后，要在阳光下风干两年，使其含水率低于10%。风干的木料被切割成木板之后，再放入一个漆黑的、终年不见阳光的房间里，好像大师在闭关修炼，根除杂念，凝聚精魄。这段静默岁月要持续四到五年，经过长时间的“韬光养晦”，本来混沌的木板逐渐有了灵异之气，凝聚在木头中的精魄变得纯净而空灵。万籁俱寂中，那些曾经在大自然中吐纳的自然之气、收藏的百鸟之声，就像沙漏一样滴滴答答地从木头中渗透出来。老练的木匠则可以从一块普通的木板中，听出一把小提琴的音质。

这样的修炼，极易让人联想到世人眼中的“大器”，要忍受漫长的寂寞和孤单，面对随时袭来的彷徨和绝望、讥讽和嘲笑……唯有如此，方可炼成“大器”。这样的人，他的内心，时刻有灵魂的清越之声在激荡，这是命运赐予追梦人最崇高的现世享受。

“成材”的过程，即是职业适应的过程。明白了这个过程，安下心来工作，认真做好每件小事，按照角色岗位做事，从自己的内心着力，在平凡与重复的工作中找到乐趣与意义。即使有艰难和挫折、困难与失败，这些历练甚至是磨炼，都是一个人职场成长的良好机会与必经途径。

第一节　实现角色转换

一、角色与角色偏差

生活中，每个人都在扮演一定的角色。所谓角色，就是人在社会中拥有的身份、地位以及由此决定的行为方式和规范。例如，学生就是一种角色，这一角色决定了其行为必须受到学生行为规范的约束，否则人们就会说：你还像个学生吗？

工作中也同样存在着角色问题，我们称之为工作角色。它是指一个人只要身处一定的职业岗位，就要受到这个岗位职责的约束，进而形成一整套与之相对应的行为方式。

一个人可以拥有多种角色，而且随着年龄的增长，其角色会不断发生变化。例如，现在我们在学校是学生、在家里是子女、在路上是行人、在电影院是观众。一旦我们进入工作岗位后，就会扮演许多工作角色：实习生、员工、同事、被管理者、管理者……这些角色的内涵远比在学校、家庭里扮演的角色复杂。能否适应这些新的角色，对提高我们的职业适应能力有着非常重要的作用。

一般来说，角色对人的约束分为三个层次：一是必须的行为；二是允许的行为；三是禁止的行为。

必须的行为和禁止的行为通常关系到角色职责的履行和角色的社会形象，而允许的行为一般不影响角色基本职能的完成，是否去做可视情况而定。例如，一个餐厅服务员，周到热情地为宾客服务，就是必须的行为；而怠慢宾客甚至与宾客争吵就是禁止的行为；至于在宾客用餐过程中，是否与宾客开一些幽默的玩笑，则可以视情况而定。

初次就业者由于角色意识不强，或对角色内涵理解不够，容易产生一些角色偏差。这些偏差主要有：

第一，角色冲突。当一个人改变原来的角色而扮演一个新的角色时，新旧角色之间就会发生矛盾，即角色冲突。一个刚参加工作的学生很容易仍把自己当成一个在校生，并不自觉地用一个学生的眼光和处世方式对待工作中的人和事，从而引发矛盾。

第二，角色错位。行为处世方式超越了自己的角色范围，如作为同事，随意评价甚至指责其他同级同事的工作。这种角色错位很容易引起他人的反感，不利于良好人际关系的建立。

案例链接

丽娜是一个很活泼的女孩儿，在学校时就是学生会的文艺部部长，她点子多，做事有股冲劲。刚到公司的时候，她的表现让领导颇为满意。在得到了领导的肯定后，丽娜更加自信了，自认为前途一片光明。一次，她所在的部门召开会议，到了会议室才发现别的部门还没有开完会，于是大家都在门外等候。可丽娜却走了进去，并对这个部门的工作发表了一通见解。这件事之后又多次发生类似的事件，直到有一天，一份需要领导签字的合同她竟然自作主张地代签了，当领导问起时，丽娜却说："我觉得没什么问题，所以就签了。"结果可想而知，她很快就收到了解聘通知。

第三，角色泛化。由于一个人同时扮演几个角色，不同角色规范之间可能出现相互干扰的现象。例如，一个人既是车间的质量检验员，又是车间的安全员，因而在工作中常常将这两种角色的职责相互混淆，致使工作效率不高甚至发生失误。

以上三种类型的角色偏差，都会影响职场新人对职业环境的适应，必须引起高度重视。要通过各种措施使自己尽快进入工作状态，缩短"角色距离"，最终实现由学生角色向职员角色的转换。

二、职员角色的主要特征

刚从学校走上工作岗位的就业者，角色转换的难度比较大，主要是因为学生角色与职员角色差别较大，这种差别突出体现在以下几个方面。

活动方式的变化 从学生到职员，首先产生了活动方式上的变化。长期以来，学生习惯于接收知识和技能这种外界给予的活动方式，习惯于输入；而职员则要求运用自己的知识和能力，向外界提供自己的劳动。这种从接收到运用、从输入到输出的转换，是一种重大活动方式的改变。因此，有些学生就会感到一时难以适应。即使是一些在学校里比较出色的同学，也经常会在这样的变化中感到束手无策。这也是许多用人单位在招聘时要求应聘者有一定实践经验的主要原因。因此，加快适应新的活动方式，是实现从学生角色到职员角色转变的一个主要方面。

材料链接

学生角色和职员角色的行为表现差异

项目	学生角色	职员角色
主要目标	取得好成绩，德智体美劳全面发展	为组织创造业绩，实现人生理想
关注点	以学习为中心	以工作为中心
角色定位	服务接受者：接受学校的教育和教学服务	服务提供者：为组织和客户创造价值
思维方式	老师和家长能为我做些什么	我能为别人（公司、客户）做些什么
行为过程	多由学校安排好，被动接受，可选择性较小	更多地需要通过自己的主动努力做好工作，选择性较大
考核指标	取得证书与文凭	完成组织分配的任务
成就动机	继续学习深造；将来找一份好工作	获得加薪和升职；获得更好的发展空间
双方关系	被教育和监护关系（与学校）	劳资关系（与公司）
做事风格	尽力而为，尽量做好；以自我为导向做事	全力以赴，必须做好；以结果为导向做事

社会责任的增强 从学生角色到职员角色的转变，要求我们承担更多的社会责任，社会评价的标准也发生了变化。学生的主要责任是学好科学文化知识，掌握职业活动技能。整个过程是一个接受教育、储备知识、锻炼能力的过程。职员则以工作实践为主，以特定的身份去履行自己的岗位职责。这两种责任的履行所产生的后果也有所不同。学生责任履行得如何，主要关系其本人知识掌握的多少和能力培养的程度；而职业责任履行得如何，则关系其所在单位的产品、营销、管理、经济效益及其各个方面，影响较大。

案例链接

刘其是一家广告公司的新员工，虽然已入职将近一年，但在工作中还是时常将自己看成是一个需要不断学习的新人。

有一次，公司一位资深同事做了一个方案，请部门同事提意见。刘其发现上面有一个错误，但他觉得自己还是一个新人，如果贸然指出前辈的错误，担心不妥，故而选择了沉默。

几天后的一个晚上，刘其一个人在公司加班，一个客户忽然打来电话，正是那位同事的方案出了问题，希望公司能够立刻派一个人进行修改，否则这个合作将无法继续。

刘其放下电话后，立刻联系那位同事，但电话一直无人接听。客户让他过去解决，刘其却回答说，这个方案不是他负责的，况且他还是一个新人。最终，这个项目因为没有人及时为客户解决问题而告吹。

领导知道这件事后，语重心长地对刘其说："我一直很看好你，可你要'新'到什么时候呢？有的人进了公司三天后就不再是新人了，可你来了快一年了，还觉得自己是一名新人，什么事都怕担责任，畏缩不前，那是因为你缺少一份为公司做贡献的责任心。你自己好好反思一下吧！"

在岗位面前，没有新员工与旧员工之分。一个人自走进公司的那一天起，就是公司的一员了，就应当肩负起一名员工应有的责任和义务，而不应以“新人”为借口推卸责任，应主动承担起“工作者”的角色。

全面独立的要求 从学生角色到职员角色的转变，要求我们具有承担社会责任的独立性。这种独立性是和经济生活的独立同时开始的。进入职业活动后，有了劳动报酬，我们在经济上就不用再依赖父母。这种经济上的独立是一个标志，它表明家庭乃至社会对我们提出了全面独立的要求。这一方面为我们的发展提供了更为广阔的空间和自由度，另一方面也对我们提出了要依靠自身力量、加强自我管理的人生新课题。多年来，学生在学习上有老师的指导，在生活上有家庭的帮助，总是处在一种被动的环境中。因此，一旦被割断依赖，要求完全独立时，不少同学便有一种蹒跚学步时摇摇摆摆、重心不稳的感觉。做一件事不知该从何下手，做一个决定犹豫不决。这种情况下，原先独立性较强的同学，就能较快地适应新角色的要求；而一些习惯于依赖的人，则容易产生适应不良的各种问题。

案例链接

某大型互联网销售公司每年都会招聘一些刚从学校毕业的学生作为管培生（管理培训生，是一些大企业自主培养企业中高层管理人员的人才储备计划），而选择管培生最核心的一点，就是能够吃苦。

管培生的轮岗工作是非常辛苦的。在他们去库房报到时，库房经理只有一句话：立即干活去！11 月、12 月是年终促销季，货物天天爆仓。他们每天都要从早上 7 点干到夜里 11 点。没有带队老师，没有人主动给他们安排宿舍，也没有人主动管他们的交通、吃饭问题，这些都需要管培生自己找公司协调。正是因为没人管、没人照顾，才使管培生成长更快，变得更优秀。

该公司的管培生吕女士说：“在这里，我成就了我自己。以前回家妈妈总是念叨，女孩子离家那么远做什么，赶紧回来吧。当我做了主管、经理后，他们就不催我回家了。我问他们，为什么不催了？妈妈说，没必要催了，你能自己拿主意了，懂事了。我们为你自豪。”

三、角色转换的方法

为了尽快适应职业生活，彻底实现学生角色向职员角色的转换，职业指导专家提出以下建议。

接受上岗培训　许多企业都会对新员工进行岗前培训，其主要目的在于：帮助新员工了解企业的生产经营状况，认同企业的各种规章制度，明确自己的工作职责范围及工作评价标准。

对新员工来说，参加企业的这种培训是了解企业、融入企业的最佳途径；对企业来说，培训一方面可以加快新员工对企业的认同，另一方面也是进一步了解新员工以便合理使用新员工的一个有效方式。所以，新员工对这种培训应给予足够的重视。

认同企业文化　企业文化与校园文化不同，良好的企业文化是企业实现可持续发展的基础与动力。因此，企业总是不遗余力地推行自己的文化并试图影响员工的思想观念和行为习惯。企业文化可分为精神文化（价值观，如质量第一、顾客至上等）、制度文化（各种规章制度，如考勤制度、薪酬制度等）、行为文化（行为风气，如工作作风、人际关系等）和物质文化（各种硬件，如经营场地、机器设备等）。企业文化有一定的强制性，尤其是制度文化，如果在情感上不能接受，则势必会影响自己对企业的认同。

遵守劳动纪律　“没有规矩，不成方圆”，纪律是任何社会组织正常运转和发展的保证。作为新员工，必须牢记各种工作纪律，严格约束自己的行为，这样才能为企业所接受。劳动纪律包含的内容比较广，如按时上下班、遵守操作规程、安全文明生产、保守商业秘密等。

参与各种活动　除了正常的工作外，企业还会组织各种娱乐、捐助、座谈等活动，新员工都应该积极参加。通过这些活动，可以接触企业中各部门、各层次的人员，为以后同他们打交道奠定基础。

适应管理者行为风格　企业各级管理者一方面有着体现自己个性特征的行为风

格，另一方面也会传承、体现企业文化。作为新员工应当学会适应，如果试图改变这种风格，不但徒劳，而且无益。只有主动适应这种风格，才更能被管理者所接受。

认识自己的岗位状况 第一，要认识工作中的同事和领导，用最短的时间记住他们的名字、了解他们的个性，与他们建立良好的工作关系。第二，要认识自己的岗位在部门中所处的位置，不但要完成自己的本职工作，还要以一种合作的态度使自己成为本部门工作链条中顺畅的一环，并努力使自己的知识结构、技能层次和工作方式符合岗位工作要求。另外，为了缩短自己的适应期，尽快进入工作角色，初次就业者应该学会自觉调整心理状态，争取赢得大家的认同和赞赏等。职业适应的标志是：对自己更有信心，形成了被人承认的职业定位，建立了新的良好的生活状态，并由此开始积极的职业生涯。

议一议

列出自己在学校就读期间担任过的主要角色。然后谈谈哪个角色最为成功，哪个角色最为失败，为什么？

第二节 缓解心理压力

一、认识心理压力

世界上不存在没有任何压力的环境。因此，初次就业者来到一个新的环境中，尤其是职业生涯的起点环境，必定会面临较大的心理压力。虽然压力带有消极因素，但压力也有积极的一面。

适度的压力，对人的成长是有益的。压力太小，就会“发飘”，习惯于混日子，得过且过；压力太大，会让人放弃希望、自暴自弃。认知心理学上有一个“伸展区”理论，对于正确应对压力有很好的启发。

“伸展区”理论认为，人通常生活在三个不同的区域或者状态之中，分别是“舒适区”“伸展区”和“恐慌区”。只有处在“伸展区”，人才能最有效地进行学习。若处在“舒适区”，人就没有学习的动力。而处在“恐慌区”，人就会失去学习的能力。

“伸展区”理论鼓励我们要不断探索自己的潜能。它为我们提升自我提供了一个很好的环境，既不会因为生活太安逸而丧失了斗志，又不会因为挑战太大而失掉信心。适当的压力，可以让我们经常处于“伸展区”中。这样的压力，对人是有益的。

二、积极的心理压力

人在适度的压力水平下可以更好地调动自身的积极性以应对所面临的问题，从而提高自己解决问题的能力和效率，这就是积极的心理压力。

在职场适应的过程中，这种积极的心理压力主要来源于以下几个方面。

1. 岗位职责

岗位职责的核心是提供合格的产品，这里的产品包括有形产品和无形产品（服务）。作为一名新员工，不管在什么职业岗位，都会面临岗位职责的压力。

第一，要明确自己的工作内容。这里的工作内容不仅包含要完成的工作任务，还包含工作的质量标准。新员工面对这种质量标准通常会有观念上的不适应。例如，要加工一个零部件，在学校实习时，某个范围内的误差可能只会造成分数比别人低一点儿，成绩还是及格的；而在企业却可能会被判为废品，员工会因此受到经济处罚，甚至是丢掉工作。

第二，要具备完成任务所需的知识和技能。由于学校环境和企业环境的差异，学校所学知识在企业中可能难以得到运用，同时工作所需技能在学校可能没有学过。这就要求新员工必须按照岗位要求学习新的知识、掌握新的技能，否则就不能适应岗位需要，当然也就难以完成工作任务。

第三，要接受工作规程的约束。企业生产不但有工艺要求，而且对工作流程也有严格的规定。如在食品企业的生产车间，上岗前必须洗手、更衣、消毒等，这些环节细致繁复、缺一不可，但只有这样才能保证食品生产的安全卫生。

作为一名新员工，会有来自环境要求的压力、角色的压力、工作任务的压力、学习新技能的压力等。借助一定的外界压力，给自己选择一些挑战和任务，激发斗志，可以帮助我们把潜能挖掘出来，不断进步。适度的压力，会让我们成长得更快更好。

2. 行为规范

企业有着比学校更多更严密的规章制度以规范员工的日常行为。如某公司规定：开完会，与会者要将椅子轻轻推进桌子下面，否则将被罚款100元；在厂区道路上行走，必须靠右行，否则也将被罚款；班车驾驶员必须准点发车和到达目的地，否则将承担误车者的“打的”费等。企业的行为规范如果与新员工原来的行为习惯相冲突，就要求新员工必须改掉原有习惯而代之以新的行为方式，这个过程也是一个面对压力、接受挑战的过程。

3. 人际关系

新员工进入一家企业，除了要接受企业制度、工作职责、业务流程等一系列岗前培训外，还应该认真对待工作中的人际关系，以便更好融入企业中。

企业人际关系从工作的角度看，除了合作还存在着竞争和利益分配等复杂的关系。随着“能者上、庸者下”成为人们普遍认同的观念，许多企业的薪酬制度和用工制度不断地按照这一思路进行改革，这使得每一名员工时刻都处于一种岗位、薪酬不确定的状态中。新员工既要在最短的时间内融入新的人际关系中去，又要在这种人际关系中保持自己的竞争优势，这种压力显然是巨大的，但同时也是积极的。

三、消极的心理压力及其调节

消极的心理压力是指对人的情绪及行为产生不利影响的环境状态，如长期超负荷工作、人际关系紧张、不能胜任岗位职责等。从心理上说，消极的心理压力会使人经常处于一种难以克服的不安、焦虑甚至恐怖之中；从生理上说，消极的心理压力会使人感到疲乏、活动能力下降甚至引发疾病。青年学生由于刚刚走入社会，面对陌生的环境，更容易产生消极的心理压力，所以要学会调节与克服。

压力会带来情绪上的反应，而不良的情绪既是消极心理压力的结果，又能加重这种消极的心理压力。因此，在尝试解决问题的过程中必须注意自己情绪的变化，一旦出现不良情绪，就需要及时应对。心理学家建议可采用以下方法。

调节心理压力的步骤

1. 认清压力问题的性质。

2. 理性思考及分析问题事件的来龙去脉。

3. 确认个人对问题的处理能力。

4. 寻求解决问题的办法，包括如何动用家庭及社会关系支持系统。

5. 运用问题解决技巧，拟定解决方案。

6. 积极处理问题。

7. 虽然已经尽力，但问题仍没有在短时间内得到解决，则表示问题本身处理的难度甚高，有可能需要长期奋战不懈。

合理宣泄　情绪既然是健全心理不可缺少的一面，那么我们对正常的情绪就不能过多压抑而是要加以宣泄。情绪的宣泄有直接和间接两种方式。直接宣泄就是针对引发情绪的刺激直接进行情绪表达。在直接宣泄对他人或自己不利时，则可用间接宣泄的方式使情绪得到缓解，如向领导汇报、向朋友倾诉、接受他人的意见和建议等。

理智　在挫折面前，我们应当用理性来控制个人的情绪。当忍不住要动怒时，应冷静地审时度势，检讨反省，以衡量发怒是否合理、发怒的后果是什么，以及有无其他更为妥当的解决办法。经过如此“三思”后，便能消除或减轻心理紧张，使情绪渐趋平复。例如，与人发生争执时，若能设身处地地站在对方的立场上想一想，也许就可以心平气和了。

转移　在发生情绪反应时，头脑中会出现一个较强的“兴奋灶”，此时如果另外建立一个或几个新的“兴奋灶”，便可抵消或冲淡原来的优势中心。例如，通过做一些别的事情来分散注意力，便可使情绪得到缓解。有的人生起气来会拼命干活，这既是一种转移，也是一种宣泄，不失为一种行之有效的制怒方法。此外，也可以通过看电影、听音乐、打球、跑步或进行其他娱乐活动来宣泄情绪。总之，只要是自己喜欢的，都可以缓解紧张的情绪。

幽默 当人们陷入某种被动局面时，最好的办法可能是以超然洒脱的态度进行应对。此时，一个得体的幽默往往可以使本来紧张的局面变得轻松，使窘迫的场面在笑语中消逝，使愤怒、不安的情绪得以缓解。懂得幽默的人，不会开庸俗的玩笑，更不会随便拿别人开心，而是以机智的头脑巧妙诙谐地揭露事物的不合理成分，既一语破的，又使人容易接受。在一些非原则问题上，他们宁可自我解嘲，也不会去刺激对方，激化矛盾。

自我安慰 为了减轻内心的痛苦，有时完全可以找一个冠冕堂皇的理由来安慰自己，就像吃不到葡萄就说葡萄酸的狐狸一样，这种心理被称作“酸葡萄心理”。与此相反的是“甜柠檬心理”，就是用各种理由强调自己所有的东西都是好的，以此冲淡内心的不安与痛苦。这种“自欺欺人”的方法，偶尔用一下作为缓解情绪的权宜之计，对于帮助人们在极大的挫折面前接受现实、避免精神崩溃是很有益处的。但也要注意这种方法不能用得过多，如果这种自我安慰成为个人的主要精神防卫手段，则是一种病态心理，会妨碍自己追求真正需要的东西。

第三节 跳槽

一、什么是跳槽

跳槽是人们改变工作或单位的流行术语，指人离开原来的单位到别的单位。一般情况下，到新单位后，多数跳槽者依旧从事原来的职业，当然也有就此改行而从事新职业的。

跳槽对于个人来说，是改变现状、谋求职业发展的重要策略；对社会来说，是劳动力市场自动实现人力资源配置的重要功能之一。从某种意义上说，没有跳槽，就没有人才流动，劳动力市场的功能就会“失常”，进而影响社会经济的健康发展。因此，跳槽已不再是“不安心现有工作”的代名词，而是社会主义市场经济健康发展的必要条件。

二、为什么要跳槽

对现有的工作不满或遇到发展瓶颈而跳槽，是职场人士经常会遇到的问题，职场新人也不例外。从职业适应的角度看，初次就业者在工作中如果出现下列情形，就可能出现跳槽的冲动或干脆付诸行动。

1. 适应性跳槽

这类跳槽者在职业适应过程中感到不满意或者遇到了难以克服的困难，如难以适应岗位要求、人际关系紧张等，在做了多种努力仍然得不到改善后，便不得不选择主动离开。这类人试图通过跳槽来改变环境，以改善自己的职业前途。

一般来说，跳槽者对工作不满意的情况大致有以下几种。

对岗位不满意 如专业不对口，难以施展才干。

对企业不满意 如认为管理制度不合理、工作压力太大、工资待遇太低、人际关系复杂、企业前景暗淡等。

对择业不满意 如觉得此次求职过于草率，可能还有更好的选择。

案例链接

夏季是蚊虫滋生的季节，北极大陆边缘蚊虫肆虐，爱斯基摩人首当其冲，蚊虫给他们的生活带去了很多麻烦。然而爱斯基摩人不但不反感这些蚊虫，还将它们视为神物。

原来，蚊虫在叮咬爱斯基摩人的同时，也在骚扰着草原上的驯鹿。驯鹿无法忍受叮咬，就纷纷奔向寒冷的北部，爱斯基摩人熟知这一规律，便在鹿群行经处设置陷阱，捕获它们，晒制肉干，这样，他们一年的口粮便可保无虞了。

对于爱斯基摩人来说，蚊虫是可恶的麻烦，但也是造物主给予他们的恩赐。同样，工作中的问题，一些人认为是麻烦和折磨，但另一些人却认为是磨炼能力、求取发展的阶梯。凡事皆具两面性，一切取决于我们如何看待它们。

2. 发展性跳槽

这类跳槽者在企业中已经具备了很好的职业适应能力，有的甚至已经成为企业的骨干，但在这个过程中，他们也对自己有了新的认识，发现了自己的职业潜力，于是，为了更快更好地实现自我发展，便主动对现有的职业及环境做出调整。

对于职场新人来说，职业发展比单纯找到一份工作更加重要。一个新员工从试用期到成长期，再由成长期到发展期，只有经过前期的积淀才能有后期的发展。无论从事什么行业，工作的过程就是积累和发展的过程。在此过程中，可以积累某一行业的相关经验，获得未来职业发展的可延展性。

跳槽不应仅仅被看成是对更高薪水或更高一级职位的追求，而是对自身职业生涯进一步发展的追求。每一次跳槽，都应该是对自身职业和发展目标的重新设定，在困难中总结经验，在问题中发现机遇，适时地调整和改进自己，思考未来的职业发展道路，确立一个适合自己的方向，然后在此基础上选择新的工作岗位。

3. 盲目性跳槽

这类跳槽者往往没有明确的理由或者决策非常草率。例如，周围有人跳槽，自己便盲目跟风。有时仅仅是一时心血来潮，有了一个机会便做出决定，意气用事，见异思迁。而有的人则片面理解“树挪死、人挪活”的含义，认为只有不断地跳槽才能捕捉到更好的机会，得到更好的发展，甚至仅仅是为了从中得到一种刺激。盲目性的跳槽是不被提倡的，没有经过深思熟虑，不了解市场需求状况，片面追求高薪或定位不准，最后不是越跳越高，而是越跳越糟，最终将在职业生涯中一事无成。

案例链接

小勇从技师学院计算机维修专业毕业后，在一家计算机公司做售后服务部经理助理。他深得经理的器重，还经常获得各种奖励。应该说，在他的同学中，他是干得比较出色的一个。可他却突然辞职了，难道是老板炒了他的鱿鱼吗？其实不是，他说，自己在这家公司已经干了3年了，一时半会儿也得不到提升，都快成“老油条”了，想换一下环境。

辞职后，他先后接触了几家计算机公司，可是工资、福利、职位还不如原来的公司。小勇不肯屈就，又到几家大的软件开发公司应聘，也没有成功。于是，他只好天天到人才市场转悠。就这样半年过去了，他还在转悠着。

三、怎样跳槽

1. 慎重决定

不管出于何种原因，做出跳槽的决定时都应该慎重。要知道，无论是为了更好地发展还是为了尽快地适应职业，跳槽都不是唯一的选择，跳槽也不是一件简单的事情，跳槽后的职场也未必是一个充满玫瑰色彩的世界。在做出跳槽决定之前，必须认真反复地审视现在所从事的工作和所在的企业。当然，在经过认真审视之后，如果依然认为跳槽是最好的选择，那就可以做出决定并不再犹豫。总之，不要因为“现在的工作辛苦”或“讨厌现在的公司”之类轻率的理由而跳槽，要从自己的职业价值观出发来思考跳槽的必要性，任何时候，职业价值观都是最重要的。

材料链接

离职前应当深思的六个问题

第一，你关注的“那些问题”能不能够通过离职得到解决？

第二，你关注的“那些问题”是不是有必要通过离职来解决？

第三，你关注的“那些问题”到底是公司的问题还是你自身的问题？

第四，一个组织或公司对一个人来说，常常意味着平台、机会。这些你是否清醒地认识到了呢？

第五，在你自认为已经具备的“个人能力和魅力”当中，有多少是来自现在的这个平台？离开了这个平台，你的能力和魅力会打多少折扣？

第六，你关注的“那些问题”到底是不是问题？

如果在离职前能够认真地思考一下上面的六个问题，我们就不会因为领导不重视、觉得公司没前途、无法发挥个人特长、还有更好的工作等原因而随意放弃一份工作了。

2. 客观评估自己的市场价值

跳槽后能否为新的企业所接受，这就出现了一个自己的市场价值问题。企业的老板，一般会把自己的员工分为三类：第一类是能够为企业创造巨大财富的人——“人财”；第二类是企业达成经营目标必须使用的人——“人才”；第三类是可有可无、可用可不用的人——“人裁”（一有机会就要首先被裁去的人）。作为一个求职者，其市场价值就在于是否能够为企业带来价值，这是跳槽能否成功的关键所在。因此，跳槽时必须客观地评估自己在劳动力市场上再次被聘用时的价值。如果这时的价值低于上次求职，跳槽就失去了最积极的意义。

3. 确立跳槽方向

考虑跳槽时，有必要在把握自己现状的基础上，决定跳槽的方向。一般情况下，按照是否同一行业、是否同类型工作的维度，可分为以下四种跳槽方向。

第一种，同一行业、同类型岗位。跳到运用相同知识与技能的相同行业，也就是将现在已经掌握的技术技能运用到同一行业的不同企业当中。比如，同是快速消费品行业的营销策划岗位，从宝洁公司跳槽到可口可乐公司。

第二种，同一行业、不同类型岗位。在现有行业中通过学习掌握不同的知识与技能从事另外一种工作。比如，从某机械公司的研发岗位跳槽到另外一家机械公司从事市场销售工作。

第三种，不同行业、同类型岗位。跳到运用相同知识与技能的其他行业。比如，某电力公司的文秘跳槽到某广告公司做文秘。

第四种，不同行业、不同类型岗位。跳到其他行业从事完全不同的工作，这需要学习和掌握全新的知识和技能。比如，从宝洁公司营销策划岗位跳槽到华为公司做产品研发。

案例链接

小艾在研发工程师岗位上工作了六年，随着年龄的增长，她对自己的职业方向越来越清晰，她更想从事销售工作，但是从研发转销售有很大的难度。小艾发现，从售前支持转销售的可能性更大一些，而自己的技术背景也使自己转到售前支持会更加容易。于是，小艾通过朋友介绍，成功转到同行业一家公司做售前支持工程师，因为其良好的技术能力，她虽然转换了职业，但薪酬不仅没有下降反而得到了增长。在做售前支持工程师期间，小艾跟着销售经理拜访客户、制作技术标书、参与现场投标，积累了丰富的客户沟通经验，得到销售经理们的一致认可。3 年后，小艾成功转到销售岗位。现在的小艾，已经成为一家知名企业的销售总监。

以上四种跳槽方向各有利弊。只有决定了跳槽所要进入的行业及工作领域，才能明确自己的职业前景，也才能进行相关的信息搜集与分析，进而通过自己的努力，实现职业目标。

议一议

四种跳槽方向分别有哪些利弊？将答案写入表格。

	有利的一面	不利的一面
第一种		
第二种		
第三种		
第四种		

4. 辞职

向单位提出辞职申请是跳槽的必经环节，通常要提前30天，以便单位能够有所准备，如调整人员来接替辞职者的工作等。

在辞职申请被批准前，必须遵守单位的规章制度，认真做好应做的每一项工作，这不仅影响辞职申请能否顺利被批准，更是一个人职业道德水平的具体表现，甚至会对今后的职业发展具有潜在的重要影响。

当辞职申请被批准后，要准确无误地进行工作交接，交还领用的物品，并自觉保守企业的商业秘密。

知识链接

辞职申请书

尊敬的公司领导：

本人因个人原因，希望能够在今年8月份辞职。对由此给公司带来的不便深表歉意。特此申请，恳请批准。

此致

敬礼！

总装车间×××

××××年×月×日

探究与实践

如何清理“心灵垃圾”，让自己拥有一颗健康的心？

下面是赵国秋教授就如何缓解心理压力提出的一些应对策略。认真阅读后写一篇 500 字左右的读后感。

策略一：改变生活方式

（1）确定一个“放松时段”并融入日常生活里。

（2）尽可能多地做令你感到愉快的事情。

（3）不要让压力积聚起来。

（4）做到劳逸结合。

（5）坚持享有在家庭中和工作中应有的权利。

（6）避免劳累过度或接受太多的工作任务。

（7）不要躲避令你感到害怕的事情。

（8）要学会记住自己的成绩和进步，并表扬自己。

策略二：学会说“不”

当人们请求你帮他们做事情而给你造成压力时，你要考虑是否能做或者愿意做。如果你不能做或不想做，要学会有效地拒绝他人的请求。

策略三：说出你的想法

诚实地表达你的意见，这一点很重要，虽然这有可能会惹恼别人或引起争论。如果确信别人的某个请求是不合理的，你就要说出来。当愤怒和挫折无法宣泄时，人就会郁闷、沉默、唠叨、指责或背后诽谤，不能表达自己的意见会导致“消极—挑衅”的行为，这种行为对健康有害，因为被压抑的挫折或愤怒会对免疫系统造成伤害。

策略四：建设性的批评

说出你的感受，告诉别人他们的行为伤害了你，或给你带来了不便，你是多么希望他们能够改变，并给他们提出改变建议。

策略五：自我激励

承认你能从错误中吸取教训，并在下一次更正。告诉自己："我已经做得最好，对我来说已经足够好了。""金无足赤，人无完人。""即使我经常失败，人们仍会喜欢我。""犯错误并不意味着做人的失败。"

策略六：学会放弃

汉语中有一个非常好的词，就是"舍得"。记住，是"舍"在先，"得"在后。世界上的事情总是有"舍"才有"得"，或者说是"舍"了一定会"得"，而"一点都不肯舍"或"样样都想得"则必将事与愿违或一事无成。

策略七：学说三句话

"算了！"对于一个无法改变的事实，最好办法就是接受这个事实。

"不要紧！"不管发生什么事，哪怕是天大的事，也要对自己说："不要紧！"记住，积极乐观的态度是解决任何问题和战胜任何困难的第一步。

"会过去的！"不管雨下得多么大，也不管连续下了多少天，你都要对天会放晴充满信心，因为天不会总是阴的。自然界是这样，生活也是如此。

策略八：学会"三乐""两不要"

"三乐"：助人为乐、知足常乐、自得其乐。也就是说在自己好的时候要多助人为乐，在自己过得一般的时候要知足常乐，而当自己处于逆境中时则要学会自得其乐。

"两不要"：一是不要拿别人的错误来惩罚自己。现实生活中有许多人一不怕苦、二不怕死，再重的担子也压不垮，再大的困难也吓不倒，但就是受不起委屈、冤枉。其实，委屈、冤枉产生的根源在于别人犯错而自己并没犯，也就是拿别人的错误来惩罚自己。懂得了这个道理后，再遇到这种情况时，对付它的最好办法就是一笑了之，不把它当一回事，也就不会感到委屈、冤枉了。二是不要拿自己的错误来惩罚别人。也就是当自己受到冤枉或不公正待遇后，也冤枉别人或不公正地对待别人。事实上当你伤害别人时，自己会再次受到伤害。

求职案例解析

总结经验　分享成功

案例一

发挥优势，建立自信

从外表看，我是个极其普通的女孩，这一点在我去参加美容顾问岗位面试的时候感受最深，在一群穿着颇有品位、容颜姣美的女孩和女士群里，我倒显得有点鹤立鸡群。也许是觉得自己不可能被录用的缘故吧，那天面试的时候我没有像过去那样紧张，出乎意料，我成了72名应聘者中仅被录用的四人之一。

面试给了我成功的喜悦，更引发了我的思考。过去我习惯于把自己定位成一个外表普通、性格内向、不善言辞的人，并且常常把头脑中的这个信息放大，所以，只要是应聘带有人际交往色彩的职位时，背上都像压着一座山，还没等别人说什么，自己就先自认不行。这次面试成功让我总结出了一个道理，那就是，清晰地认识自己的优势和不足，充分利用和发挥自己的优势，战胜不足带来的心理障碍，就可以在实践中尽可能修正自己的不足。

我的这个道理在以后的销售推广工作中也应验了。在给客户做产品推广的时候，我尽量不去想自己是个皮肤不好、不善交往的人，而是以一个美容顾问的身份，发挥自己的医学优势，向客户分析皮肤新陈代谢的过程，介绍皮肤保养的原理和步骤，在这个过程中潜移默化地宣传公司的产品。意想不到的是，在短短一个月的时间内我就发展了一大批客户，在所有推广人员中销售业绩排名第二。客户愿意找我订购产品，她们说一看就知道我是个憨厚的人，她们信任我。这也是我第一次发现自己的外表居然成了一个优势。

一个人的信心，源于对自己综合、客观的认识和评价，不要因自身的一些缺点和不足而烦恼或自卑，更不要让这种心理成为击败自己的工具，或许它正是你有而他人不具备的优势。全面认识和接纳自己，学会利用自己的优势在实践中建立自信。

案例二

底　牌

一位计算机博士毕业后找工作，结果接连碰壁，许多家公司都将其拒之门外。这样高的学历，这样吃香的专业，为什么找不到一份工作呢？万般无奈之下，这位博士决定换一种方法试试。

他收起了所有的学位证明，以最低学历身份再去求职。不久，他就被一家电脑公司录用，做一名最基层的程序录入员。这是一份稍有学历的人都不愿干的工作，而这位博士却干得兢兢业业，一丝不苟。没过多久，上司就发现了他出众的才华：他居然能看出程序中的错误，这绝非一般录入人员所能比的。这时，他亮出了自己的学士学位证明，老板于是给他调换了一个与本科毕业生对口的工作。

过了一段时间，老板发现他在新的岗位上游刃有余，还能提出不少有价值的建议，这比一般大学生高明。这时，他又亮出自己的硕士身份，老板又提升了他。

有了前两次的经验，老板就比较注意观察他了，发现他还是比硕士有水平，对专业知识的了解程度非常人可及，就再次找他谈话。这时，他才拿出博士学位证书，并叙述了自己这样做的原因。此时，老板才恍然大悟，毫不犹豫地重用了他，因为老板此时对他的学识、能力和敬业精神已经非常了解了。

如果你觉得自己有某一方面的才能或潜力，又暂时没有机会让人赏识，不妨试试上述这种方法。许多年轻人初入社会时，往往把自己的一堆头衔、底牌全部亮出来，其结果要么让人反感，觉得其难以与人合作，要么招来很高的期望值而让人失望。理想应从现实做起。只有不放弃任何一个增长资历的机会，不放弃任何一个展示自己才华、潜力和品质的工作机会，才能丰富自己的简历，为今后的职场发展做好准备。

案例三

不打无准备之仗

临近毕业，我和同学们一样忙得团团转，哪里有人才市场，哪里就有我的身影。我几乎把所有与专业有关的单位都跑遍了，投了很多简历。良好的开端是成功的一半。不久，各个单位的面试通知果然开始陆陆续续地来了。

我经历的第一次面试是失败的，主考官当时让我即兴做一回5分钟的推销员。“我当时就懵了，不知道还会这样面试。”

后来又经历了一次面试。这回，主考官的花样是将10位求职者围成一个圆圈做抢答题。吃一堑长一智，我这次妙语连珠，而且把答案设计得与众不同。当时我觉得自己表现得很出色，可还是落选了。事后，我询问主考官，主考官对我说：“我们单位最看中的是应聘者务实的工作态度和真诚的合作意识。你的口才虽然很好，但我们并不需要。”我这才悟出了一个道理：不同的单位、不同的职位有不同的需要，大智若愚与锋芒毕露都要“适销对路”才有用武之地。

我开始寻找应对面试的资料，在每次面试之前都要详细了解对方的基本情况。在去我现在所在的这家公司面试的前一天，我拿着产品介绍书，专门跑到大商场里去辨认这些商品，并且扮成顾客，请售货员讲解产品的性质和特点，我还从中了解到许多市场信息。

第二天面试的时候，有备而来的我凭着过硬的专业知识和灵敏的头脑，不仅流利地回答了考官的问题，还就产品结构与销售情况谈了自己的建议。最后，我如愿以偿地进入这家公司。

求职过程是一个磨炼意志的过程，也是一个不断提升综合能力的过程。面对自己求职的企业与岗位，求职前需要做好详细的准备，包括评估自身的能力、了解应聘职位所需的能力等。凡事预则立，不预则废。不打无准备之仗，做最充分的准备，为自己的求职成功增加砝码。

案例四

“我会为成为贵公司的一员而感到骄傲”

小林应聘某企业文秘一职，初试、复试都比较顺利，可在最后的面试中被淘汰出局。不过，小林很快就调整好了自己的心态，他提笔给这家企业主持招聘的人力资源经理写了一封短信：

“贵公司是我向往已久的工作单位，文秘是我最理想的职业。在最后的面试中，我对您介绍的公司发展规划印象深刻，也更增添了在您指导下工作的决心。如果情况有了变化，请再给我一次机会。我会为成为贵公司的一员而感到骄傲。”

两周后，小林收到了该公司的录用通知书。正是最后这封信改变了小林的求职命运。

面试结束后，如果已经被拒绝，也不要气馁，再给公司写一封这样的信，或许会收到意想不到的效果，因为有以下几种情况可能发生。

（1）被该公司选中的人，可能同时被别的公司录用。这样，尽管他当时愿意加盟该公司，可后来又放弃了。

（2）被选中的人因为对这个职位不适应或不够满意，也可能是由于别的原因，没干几天就离职了。

（3）该公司发现选错了人，依法辞退此人后，出现了职位空缺。

（4）公司急需一个更加忠诚的人来接替某一职位，如果你对公司表示了这份忠诚，就可能成为人选。

（5）又出现了新的职位空缺。

（6）面试中，本来对淘汰你就心有不甘，这封信增加了公司对你的好感，让他们觉得放弃你非常可惜，于是增加一个名额，作为公司的人才储备。

所以，无论是哪种情况的发生，都将对你有利。对招聘企业来说，如果再组织一次招聘将费时费力，还不如从落聘者中选出一个，何况你又是已经进入了最后面试阶段的角逐者，其职业素质是可以信赖的。

汲取经验　避免失败

案例五

态　度

我在应聘一个会计职位。由于有相关工作经历和较高的职称，我的竞争对手们纷纷落马，只剩下一个其貌不扬的家伙与我共同迎接最后的面试。那个单位的会计主管接待了我们，他拿出一堆账本，要我们统计一下某个项目的年度收支情况。虽然只是“小儿科”，但我不敢懈怠，每个数字都牢牢把握，认真地加加减减。约一个小时后，我完成了任务。10 分钟后，竞争对手也收工了。会计主管让我们在一旁等待，然后拿着我们的“试卷”去了老总办公室。

结果令我吃惊和恼火——我落聘了！为什么？会计主管回答：“你没有做月末统计，而他不但做了，还做了季度统计。”我问：“不是要年度统计吗?”主管笑道：“是啊，但年度统计数据应该从每月的合计中得到——这不算什么会计学问，但反映了做会计的严谨态度。你们能力相当，所以我们最后要看的就是每个人的工作态度了。”

在能力相当的情况下，做事情其实就靠一个人的态度了。同样的能力，在不同的态度下，会导致完全不同的结果。态度也许是另一种能力，但有时却比能力更重要。

案例六

迟　到

面试当天，我提前 35 分钟就到了面试单位，但却糊里糊涂地走错了大门。我问了好几个人，但没有一个人知道确切的地方。后来，好不容易找到面试场所，却没看到自己的名字，一问才知道又走错了。于是我马上再找，等找到面试地点时已经迟到了整整十分钟。负责面试的经理安排所有迟到的人都集中在一个地方等候，大约等了一个小时。

因为迟到，我开始变得紧张，原本准备得很熟练的东西也忘了，自我介绍环节也不是很精彩。回答面试官的问题时又有点说过头，过于表现自己的能力和想法，没把自己踏实干事的一面表现出来，而是把重点放在对未来的期望上，给人的感觉是不太谦虚和踏实。

从迟到的那一刻起我就有预感，自己这次肯定没戏了，因为我应聘的是销售类职位，即使只迟到一分钟，也是会丧失机会的。最后，事实证明了这一点。面试失利的教训让我明白，不管在面试之前自己有多么自信，都应该把一切都准备好，包括具体的面试地点，最好要事先进行踩点。

这个案例带给我们两点启示：一是接到面试通知后，应当尽快弄清楚详细的交通路线，并留出充裕的搭乘或转乘时间。对于面试地点较远的，不妨先去一趟，了解路程需要花费的时间，并预留出充足的时间，这样才能保证准时到达面试现场，从容参加面试。二是当中途发生突发状况不能准时到达时，要先打电话通知对方，告知所在位置及遇到的状况，把迟到的原因解释清楚，从而取得对方的谅解，并以最快的速度到达。当然，即便对方口头上给予了谅解，但求职者的形象还是会因此受损。因此，对于迟到这件事，还是要尽量避免。

案例七

“你为何与电梯旁的陌生男子握手”

面试前，我特意学习了礼仪课程。本来面试环节还算顺利，问题回答完毕后，我起身向面试官告辞，谁知他坚持要送我到电梯间，于是问题就来了。刚才进入考场，面试官坐在办公桌后，只需要向他颔首微笑就算打过招呼了。现在两人面对面地站着，电梯马上就到，似乎应该客套几句，握手告别才对。网上搜集来的“面试礼仪宝典”告诉我：“在需要握手时，下级或晚辈应该等上级或长辈先伸出手后再行握手礼；男士应该等女士首先伸出手后再行握手礼。”可我突然意识到一个矛盾——对方是上级、男士，我是下级、女士，“宝典”里完全没提这种情况，怎么办？

我内心一边挣扎一边观察面试官的表情，但他却始终毫无表示，一直在介绍企业文化与历史业绩。我的手指一会儿伸直一会儿又蜷起，始终没有勇气伸出右手。好容易熬到电梯来了，我在慌乱中一把抓住一个人手摇了一摇，说了声“再见，请留步”就仓皇逃入电梯。一周后我收到面试官的邮件，通知我已被录取，尽快到人事部门报到。邮件最后附了一句足以让我羞愧终生的话：“可否告诉我，面试那天你为何与电梯旁的陌生男士握手？”

一般情况下，面试中如有需要，应当由面试官主动伸手之后，应聘者再与其握手。主动握手不符合礼仪，可能还会由于面试官没有思想准备而造成冷场。因此，在面试官主动伸出手之前，宜随时准备，但不要轻举妄动。但对一些特殊的以沟通能力为导向的职位，例如销售、导游等，主动握手并无不妥，这样能够显示出应聘者面对陌生人时不会胆怯，积极主动是这类工作所必需的。

案例八

面试后的电话

一位求职者投了几十份简历后，终于得到了面试机会。这家公司的面试内容有点与众不同，除了回答问题之外，还要在电脑上做大约 3 个小时的测评题。面试结束后，招聘者说 5 天之内给通知。面试后的第二天下午，就有心情急切的求职者打电话到公司询问："公司录不录取我没关系，能否把测评结果给我？我测评了 3 个多小时呢。"接电话的人事经理愣了一下，和蔼地告诉他："测评结果只是公司用来选拔人才用的，不给个人。"放下电话，人事经理将名单取出，划掉了这位应聘者的名字。

在这个案例中，求职者的失败在于：一是面试之后，急于打电话追问，没有给对方一个考虑、研究和决定的时间；二是他使用了不太礼貌的言辞，结果就可想而知了。面试之后的询问本来既是为了打听面试的消息，又是一个与招聘单位接触的好机会，但如果时机把握不当，反而会破坏求职者原本在面试中留给招聘者的好印象，从而功亏一篑。不过早打听消息，也不意味着面试后要一直坐等。如果两个星期之内没有接到回音，求职者可以给面试单位打个电话，这个电话既可以表现自己对岗位的期待，也可以从对方的口气中知道自己是否有希望。

议一议

上述哪个案例给你的启发最大？试试走上讲台，做一分钟的发言。

探究与实践

1. 下列案例中，甲为什么能获得面试机会？如果你是甲，会如何打这个电话？请设计一下电话的内容。

应聘某公司的众多求职者中，甲、乙两人在知识、技能和能力方面都很接近。甲在投递简历后，主动给公司的人力资源部门打了一次电话。结果公司在随后的面试环节中通知了甲，而未通知乙。

2. “工作轻松，月薪上万”“高薪诚聘业务主管，无须相关经验”，这样的招聘广告你见过吗？面对如此诱人的招聘信息，你心动了吗？下列案例中，他们为什么会上当？你从中获得了哪些启示？

案例一：毕业生小韩在一场招聘会上投了某科技公司的市场主管岗位，工资 8 000 元。经过简单的现场面试，即被通知录用。正式上班后，小韩担任的并非是主管的职位，而只是普通的职员，拿到的工资也只有 2 000 元。他到人力资源部门理论，却被告知要拿到 8 000 元，需要有 5 年工作经验，像他这样刚毕业的学生，只能拿到 2 000 元，小韩感到上当受骗了。

案例二：毕业生卢同学在报纸上看到一条“诚聘有事业心的人员，担任市场拓展业务代表，薪酬丰厚，无须经验，免费培训上岗”的广告，不禁怦然心动，没有工作经验的她欣然前往面试。但被录用之后，她才得知如果要拿到报酬，必须每月介绍 5 人到公司报到并购买 2 000 元的产品。卢同学自己掏了腰包之后，又四处奔波了整整一个月，无奈还是没有完成公司的“指标”，因此一分钱报酬也没有拿到。

第三单元 权益保障

学习目标

- ⊙ 了解劳动法的主要内容和劳动者的主要权益
- ⊙ 掌握劳动合同的有关知识，学会依法签订劳动合同
- ⊙ 正确认识劳动争议，学会通过劳动仲裁维护自身合法权益

自与用人单位签订劳动合同的那一刻起，我们与用人单位的关系，就形成了一种劳资关系。劳资关系是一种契约关系，讲究权利与义务的对等。

在职场环境里，契约关系对应的法规、原则和要求，能够保障我们的能力与才华得以施展。劳动法是劳动权益最可靠的保障，让个人可以理性合理的方式和渠道表达诉求、维护权益。

劳动法全面规定我们享有的权利和应尽的义务，激励我们主动、负责、担当和自律。良好的职场环境，让每一个就业过程都弥足珍贵。

第八课　劳动者权益

在校学生王某某于 2014 年 6 月进入某装饰公司实习，从事销售工作，多次被评为优秀员工，该公司依据其工作业绩每月发放数额不等的报酬，但未与王某某签订书面劳动合同，亦未为其办理社会保险。

2015 年 4 月，因社保及经济补偿金等问题，王某某申请劳动仲裁，后诉至当地法院。装饰公司辩称王某某系尚未毕业的在校学生，到单位实习，公司付清了劳务报酬，双方之间未形成劳动关系。法院经审理认为，王某某与装饰公司建立了事实劳动关系，依法判决装饰公司为王某某补办社会保险并支付其经济补偿金、未签订劳动合同的两倍工资等共计 13 390 元。一审判决后，双方均服判息诉。

要维护劳动者的合法权益，首先要认定劳动者的主体资格。本案中，即将毕业的王某某已达到法定就业年龄，完成了全部学业，具有成为劳动者的主体资格。用人单位明知求职者为在校学生的情况下，仍依据工作成果向其支付劳动报酬，应当认定双方之间形成事实劳动关系。因此，本案中的装饰公司应承担用工主体责任。

生活中，提高自我保护意识和维权意识很重要。当我们的合法权益受到侵害时，应当积极寻求法律帮助，保护自身合法权益。

第一节　了解劳动法

一、什么是劳动法

劳动法是调整劳动关系以及与劳动关系密切联系的其他社会关系的法律规范的总称。劳动关系是指在社会劳动过程中劳动者与用人单位之间发生的社会关系。例如，我们应聘到某企业就业，作为劳动者就必须按照企业的要求完成规定的生产任务，而企业也必须为此支付相应的工资报酬，这就是劳动关系。如果在这个过程中，劳动者没有保质保量地完成生产任务，或者企业没有支付相应的工资报酬，都要受到劳动法的追究。

1994年7月5日，第八届全国人民代表大会常务委员会第八次会议通过了《中华人民共和国劳动法》，这是中华人民共和国历史上第一部调整劳动关系、确定劳动标准的基本法。此后，我国又颁布和修订了一批配套的法律法规和地方性法律法规。主要有：《中华人民共和国劳动争议调解仲裁法》《中华人民共和国安全生产法》《中华人民共和国劳动合同法》《失业保险条例》《工伤保险条例》《劳动保障监察条例》《最低工资规定》，以及各地的《工资支付条例》等。

我国劳动法的立法精神是以保护劳动者合法权益、调动劳动者积极性为基本宗旨；建立和谐稳定的劳动关系，促进生产力的发展；建立和维护适应社会主义市场经济的劳动制度，积极促进社会的发展和全面进步。

二、劳动法的基本内容

我国劳动法规定了劳动者的基本权利和应当

履行的义务。

1. 劳动者的基本权利

（1）平等就业和选择职业的权利。

（2）取得劳动报酬的权利。

（3）休息休假的权利。

（4）获得劳动安全卫生保护的权利。

（5）接受职业技能培训的权利。

（6）享受社会保险和福利的权利。

（7）提请劳动争议处理的权利。

（8）法律规定的其他劳动权利。

2. 劳动者应尽的义务

（1）完成劳动任务。

（2）提高职业技能。

（3）执行劳动安全卫生规程。

（4）遵守劳动纪律和职业道德。

3. 相关制度规定

为了保证上述劳动者权利和义务的实现，规范劳动者和用人单位之间的社会关系，劳动法建立了以下制度。

劳动合同制度　劳动者与用人单位如果要建立劳动关系，就必须订立劳动合同。

工作时间和休息休假制度　工作时间是指劳动者在单位中应该劳动的时间，包括每日劳动时数和周劳动天数；休息休假是指劳动者每天、每周、每年在工作时间之外个人自由支配的时间。

工资制度　用人单位必须定时定量以货币形式、按劳动法的规定向劳动者支付劳动报酬。

职业培训制度　用人单位应当对劳动者按职业要求进行必要的、有计划的培训。从事技术工种的劳动者，上岗前必须经过培训。

劳动安全卫生制度　用人单位必须建立、健全劳动安全卫生制度，严格执行国家劳动安全卫生规程和标准，对劳动者进行劳动安全卫生教育，防止劳动过程中的事故，减少职业危害。

女职工和未成年工特殊劳动保护制度 国家对女职工和未成年工实行特殊劳动保护。其中，未成年工指年满十六周岁未满十八周岁的劳动者。

劳动争议处理制度 劳动者与用人单位之间如果发生劳动争议，当事人可以依法申请调解、仲裁，提出诉讼，也可以协商解决。应当根据合法、公正、及时处理的原则解决劳动争议。

议一议

"五险"一个也不能少。这是某技师学院向用人单位提出的录用本校毕业生的必备条件。对此，你是如何理解的？

社会保险制度 国家为保障公民的基本生活，免除劳动者的后顾之忧，依法强制实行的保险主要有养老保险、医疗保险、失业保险、工伤保险和生育保险。用人单位应当为劳动者缴纳这五项保险的保险金，即通常所说的"五险"。

第二节 主要权益浅析

一、人身权

根据《中华人民共和国宪法》及相关法律的规定，公民享有人身自由权。除法院、检察院及公安机关按照法定的程序可以限制、剥夺公民的人身自由外，任何单位、任何个人都不得以任何理由、任何方式限制、剥夺公民的人身自由。

公民的人身权还表现为法律禁止非法搜查公民的身体及其他私人物品。公民的人格尊严受法律保护，任何单位和个人不得以任何方式对公民进行侮辱、诽谤和陷害。

我国劳动法对劳动者人身权的保护具体表现为：严禁企业管理人员殴打、污辱、体罚职工和对职工进行搜身；企业不得以任何理由扣押职工的居民身份证、暂住证、边防证等。

案例链接

员工业绩不佳被罚 100 个深蹲起

一家销售公司明文规定，每周销售业绩排名倒数的员工要接受处罚，即在全体员工面前完成 100 个深蹲起。小林因未能完成工作任务而面临处罚。小林向领导表示自己近期身体状态不好，能否减轻或者免除处罚。该领导称公司所有员工一视同仁，不接受处罚就走人。小林只得接受处罚。然而，还没有做完 100 个深蹲起，小林就因身体不适晕倒被送到医院。经过治疗，小林恢复了健康，但她将公司起诉至法院，要求公司赔偿医药费并支付精神损失费等。

之后公司与小林达成和解，公司向她支付了 10 000 元的补偿金，并发文取消了深蹲起的处罚。

一些企业管理者在管理员工时会采用体罚、侮辱等手段。这些行为是违法的，员工和企业管理者之间是平等关系，体罚等行为会触犯刑事责任。本案例中，销售公司要求业绩落后的员工完成深蹲，已经在一定程度上构成对员工的体罚。幸而，销售公司在事后能够积极主动与小林协商解决纠纷，取消了相关处罚规定并及时改进了管理方法。

二、平等就业权

劳动者就业，不因民族、种族、性别、宗教信仰不同而受到歧视。换句话说，所有劳动者都享有平等的就业权。这种平等就业权在现实中突出表现在女性就业方面，为此有关法律特别规定：妇女享有与男子同等的就业权。

此外，也存在由地域、身体、相貌、学历等原因造成的平等就业权得不到实现的情况，这就需要劳动者自己有勇气依法维护。

但是，我们对平等就业权的理解，不能与一些职业的上岗资格和岗位职责对劳动者的要求对立起来。例如，从事餐饮服务的劳动者必须身体健康并且持有由卫生行政部门颁发的“健康证”。

案例链接

应届毕业生女生郭某在应聘某烹饪学校文案职位时，多次因烹饪学校“限招男性”的招聘条件被拒。7月8日，郭某向其所在的区人民法院提起诉讼。9月10日，法院公开审理了此案并做出判决，认为烹饪学校文案职位不属于法定女性禁忌劳动范围，烹饪学校未对郭某是否符合招聘条件进行审查，而仅以岗位限招男性为由拒绝录用郭某，根据法律规定，烹饪学校的行为属于就业性别歧视，侵犯了郭某的平等就业权，给郭某造成了一定的精神损害，应向郭某赔偿精神损害抚慰金2 000元。

三、辞职权

劳动者享有单方面与单位解除劳动关系的权利，也就是辞职权。由于这项权利与劳动合同密切相关，同时还涉及经济补偿问题，所以将在后面详细介绍。

四、报酬权

按月取酬 用人单位必须按月向劳动者本人支付劳动报酬，不得克扣或无故拖欠；如果用人单位克扣或无故拖欠劳动者工资（包括加班工资），除须在规定时间内全额支付劳动者工资外，还应当给予劳动者经济补偿。

最低报酬 劳动者的工资不得低于当地最低工资标准，否则，用人单位除按标准补足外，还须给予劳动者经济补偿。

加班工资 劳动者被要求加班，应当获得加班工资。加班工资的支付标准是：平时为不低于工资的150%；休假日（不能安排补休）为不低于工资的200%；法定休假日为不低于工资的300%。

试一试

2019年春节，小李被单位安排从初一加班到初五，且没有补休。小李的月工资是5 800元，试计算小李这5天应得的加班费是多少。

五、休息休假权

劳动法规定，劳动者每日工作时间不超过8小时，平均每周工作时间不超过44小时。用人单位由于生产经营需要，经与工会和劳动者协商后可以延长工作时间，一般每日不得超过1小时。因特殊原因需要延长工作时间的，在保障劳动者身体健康的条件下延长工作时间每日不得超过3小时，但是每月不得超过36小时。用人单位应当保证劳动者每周至少休息一天。

案例链接

林某是某宾馆服务员，该宾馆规定服务员每天工作5.5小时，没有休息日。林某因丈夫长期卧病在床，要求每周安排一天休息以便在家处理家务。宾馆未予以批准，理由是服务员每天工作仅5.5小时，即使不安排休息日，每周工作也不足40小时，没有违反国家有关劳动法律法规，林某可用每天下班后的时间来处理家务。

按照劳动法的规定，不管用人单位每天工作几个小时，都应当保证劳动者在一周内至少要有一天的休息时间。宾馆不能保证服务员每周至少一天的休息时间，属于违法行为。

六、劳动安全卫生权

用人单位必须为劳动者提供符合国家规定的劳动安全卫生条件和必要的劳动防护用品，对从事有职业危害作业的劳动者应当定期进行健康检查。

从事特种作业的劳动者必须经过专门培训并取得特种作业资格。

劳动者在劳动过程中必须严格遵守安全操作规程。劳动者对用人单位管理人员违章指挥、强令冒险作业，有权拒绝执行；对危害生命安全和身体健康的行为，有权提出批评、检举和控告。

案例链接

某公司发生爆炸事故，共造成146人死亡。调查报告认为，事故直接原因是事故车间除尘系统较长时间未清理，铝粉尘积聚。除尘系统风机开启后，打磨过程产生的高温颗粒在集尘桶上方形成粉尘云。1号除尘器集尘桶锈蚀破损，桶内铝粉受潮，发生氧化放热反应，达到粉尘云的引燃温度，引发除尘系统及车间的系列爆炸。因没有泄爆装置，爆炸产生的高温气体和燃烧物瞬间经除尘管道从各吸尘口喷出，导致全车间所有工位操作人员直接受到爆炸冲击，造成群死群伤。省市有关领导干部及公司主要负责人都受到相应处分。

七、享受社会保险和福利权

劳动法强调用人单位和劳动者必须依法参加社会保险，缴纳社会保险费，并按时足额支付。

此外，劳动法规定，劳动者因下列情况负伤、致残或死亡的，应确认为工伤：

——工作时间在本单位从事日常生产、工作。

——从事单位临时指派的工作。

——经单位同意，从事与本单位工作有关的科学研究及试验、发明创造或技术改造。

——在紧急情况下，未经单位领导指定而从事有益于本单位的工作，或进行抢险救灾、救人等维护国家、社会和人民群众利益的行为。

——在本单位从事某种专业性工作而引起职业病（符合有关职业病规定），达到评残等级。

——在上下班时间及必经路线上，发生非本人主要责任的交通事故，或遭受不可抗拒的意外伤害。

——因公外出期间，发生非本人主要责任的交通事故或其他意外伤害，以及因意外事故而失踪。

——驾驶员工作期间发生交通意外事故。

——在执行本单位安排的生产工作任务中因突发疾病而造成死亡或完全丧失劳动能力。

——经劳动能力鉴定机构鉴定确认为因工致残旧伤复发。

案例链接

吴某于2015年6月2日进入某水泥厂工作，双方约定吴某为非全日制工，每日工作半天，每周工作不超过24小时，并约定工资标准为18元/小时，该厂为吴某缴纳了工伤保险费。2015年7月14日，吴某在该厂工作时不慎砸伤左手食指，后于2015年9月3日被认定为工伤，于2016年3月12日被鉴定为因工致残程度十级，工伤保险基金支付了一次性伤残补助金，后双方因用人单位支付的工伤待遇产生争议，吴某向仲裁委提请仲裁，要求某水泥厂支付一次性伤残就业补助金、停工留薪期工资。仲裁庭审理后裁决某水泥厂支付吴某两项合计23 877元。

按照法律规定，工伤保险是国家唯一强制用人单位为非全日制从业人员缴纳的社会保险，且是唯一一项多重劳动关系（包括全日制职工和非全日制从业人员）可以多重缴纳的社会保险，目的就是最大限度地保护劳动者工伤权益。

八、其他权利

劳动者有接受职业技能培训的权利，具体地说，就是用人单位应当有计划地对劳动者进行培训，正常的业务培训费用应由用人单位支付。劳动者还有提请劳动争议处理的权利，以及依法参加和组织工会的权利。

探究与实践

1. 下列案例中，某公司是否侵犯员工的合法权益？为什么？

2013年11月，宁某看到某公司在网上发布的公开招聘公告后报名参加招考。某公司在招聘条件中添加了一项个性化条件，即要求女性报考人员的身高不低于157厘米。宁某在进行资格初审时填报身高为160厘米，参加笔试、面试均取得第一名。在双方正式签订劳动合同之前，因竞争者举报宁某实际身高未达到设定的条件，某公司将拟聘考生集合到单位办公室组织重测，宁某此次身高测量结果仅为155厘米。于是，某公司于2014年2月11日以书面形式向宁某发出身高复测通知，要求其于2月21日上午到公司指定的权威医院进行身高复测，否则视同放弃，但宁某未参加复测。某公司即以宁某身高未达到设定条件为由决定停止招录程序，拒绝与宁某签订劳动合同。宁某认为，某公司设定的身高要求侵犯其个人权益，遂诉至法院，要求某公司与其签订劳动合同，并赔偿精神损失10万元。

2. 通读《中华人民共和国劳动法》，就自己有疑问的地方向教师提问。然后以小组为单位，进行劳动法知识竞赛。

第九课　劳动合同

2018 年，小孙来到北京的一家建筑公司打工，并签订了一年的劳动合同。公司领导当场承诺，一年内好好干，若无缺勤，年终还有 50 000 元的奖金。50 000 元不是一个小数目，小孙喜出望外，决心一定不与这笔奖金失之交臂。此后，小孙干活儿勤勤恳恳、任劳任怨，一年中，不但保持了全勤记录，而且还多次受到公司的表扬。结账时，公司按照合同付清了他的工资，却矢口否认奖金的事情。小孙连呼上当，气愤之余，将公司告到了海淀区劳动争议仲裁委员会。

由于没有证据，公司又不承认当时的口头承诺，因此小孙的权益无法受到劳动法有关条款的保护，原本以为自己肯定能打赢官司的小孙败诉了，不但没有要到应得的奖金，反要承担仲裁费。

公司不讲诚信固然可恶，但劳动者要有效地维护自己的劳动权益，必须用劳动合同来依法维权。

第一节　劳动合同概述

一、什么是劳动合同

劳动合同是劳动者与用人单位之间确立劳动关系，明确双方权利和义务的书面协议。我国劳动法规定：建立劳动关系应当订立劳动合同。这表明劳动合同是确立劳动关系的法律形式。

劳动合同按照有效期限的不同，可以分为有固定期限的劳动合同、无固定期限的劳动合同和以完成一定工作为期限的劳动合同三种。

有固定期限的劳动合同　又称定期劳动合同，是指劳动合同双方当事人明确约定合同有效的起始日期和终止日期的劳动合同。期限届满，合同即告终止。一般来讲，劳动合同的期限可以分为 1 年、2 年、3 年、5 年、8 年不等，具体期限由双方当事人协商确定。

无固定期限的劳动合同　又称不定期劳动合同，是指劳动合同双方当事人只约定合同的起始日期，不约定合同终止日期的劳动合同。对于这种劳动合同，只要不出现法律规定或双方约定的事由，双方当事人就不得随意变更、终止和解除劳动关系。

根据我国劳动法的相关规定：劳动者在同一用人单位连续工作满 10 年以上，当事人双方同意延续劳动合同的，如果劳动者提出签订无固定期限的劳动合同，用人单位应当与其签订无固定期限的劳动合同。根据这一规定，如果劳动者要订立无固定期限劳动合同，应当同时符合以下三个条件。

第一，劳动者必须在同一单位不间断地连续工作 10 年以上，这是个前提条件。劳动者如果没有这个前提而要求订立无固定期限的劳动合同，用人单位可以不接受。

第二，10 年期满，用人单位与劳动者双方都愿意续签劳动合同，这也是法定条件之一。仅仅是用人单位或劳动者一方愿意都不行。

第三，劳动者提出订立无固定期限劳动合同的要求。如果具备了前面两个条件，劳动者如果提出要求，用人单位必须同意签订无固定期限的劳动合同。这就是说，劳动者此时有两种选择：一是与单位续签有固定期限的劳动合同，二是与单位续签无固定期限的劳动合同。劳动者如果选择了后者，用人单位就必须履行义务。

需要注意的是，劳动者如果和用人单位签订了无固定期限的劳动合同，并不意味着自己就有了“铁饭碗”，如果此后出现了双方约定的情况或者法定的情况，无固定期限的劳动合同依然是可以解除或者终止的。

案例链接

张某于2008年6月18日到某淀粉公司工作，双方于2008年至2014年每年均签订一次期限为一年的劳动合同，张某先后担任过技工、操作工和磨刀工。双方又于2015年6月18日签订了3年期的劳动合同，张某担任工务组工作。2018年5月20日，张某向公司提出在6月17日合同期满后，续签无固定期限劳动合同的要求。6月10日，张某再次提出续签无固定期限劳动合同的要求。6月14日，公司书面通知张某，双方于2015年6月18日签订的劳动合同到期后，不再续签劳动合同。6月18日起，张某即不被允许进入公司。张某向仲裁委提起仲裁，要求某淀粉公司与其签订无固定期限劳动合同。仲裁裁决该淀粉公司应于最后一期劳动合同期满后，与张某签订无固定期限劳动合同。

法院认为，到2018年6月17日，张某在某淀粉公司已连续工作满十年，符合劳动合同法规定订立无固定期限劳动合同的条件，只要张某提出，某淀粉公司即应与之签订无固定期限劳动合同。

议一议

查某与一家公司签订了无固定期限的劳动合同后不久，因过失伤害罪被法院判处有期徒刑1年，缓刑1年。在这种情况下，公司能解除这份无固定期限的劳动合同吗？

以完成一定工作为期限的劳动合同　是指劳动合同双方当事人将完成某项工作

或工程作为合同期限的劳动合同。合同中不明确约定合同的起止日期，而是以某项工作或工程完工之日为合同终止之时。它一般适用于临时性、季节性的工作或由于其工作性质可以采取此种合同期限的工作岗位。

我国劳动法规定：劳动合同应当以书面形式订立。采用书面形式订立劳动合同具有明确、有据的特点。否则，一旦发生劳动争议，很可能会由于没有书面凭证而难以处理。

二、劳动合同的内容

劳动合同的内容就是劳动合同中包含的具体条款。劳动合同的条款分为必备条款与补充条款。

1. 必备条款

必备条款是指劳动法规定的在劳动合同中必须具备的条款。

劳动合同期限 劳动合同期限就是劳动合同的有效期限，即合同约定的劳动关系存续期限。

工作内容 工作内容具体包括劳动者从事的劳动工种和劳动岗位，以及应该完成的生产（工作）任务、工作班次等。

劳动保护和劳动条件 即用人单位应当为劳动者提供的劳动保护措施和劳动条件，主要包括劳动安全和卫生规程、工作时间和休息休假等内容。

劳动报酬 主要包括工资、奖金、津贴和补贴等内容。

劳动纪律 劳动纪律是劳动者必须遵守的用人单位的工作秩序和劳动规则。

劳动合同终止的条件 劳动合同中约定的合同终止条件是指除法律、法规规定的合同终止条件以外，当事人双方自己协商确定的终止合同效力的条件。

违反劳动合同的责任 违反劳动合同的责任是指当事人由于自己的过错而造成劳动合同的不履行，或不适当履行所应当承担的责任。除法律法规有明确的规定外，当事人还可以在劳动合同中就如何承担违反劳动合同的责任做出具体约定。

2. 补充条款

补充条款又称为可备条款，是双方当事人通过协商订立的条款。

试用期条款 试用期条款是劳动合同中的常见条款。法律对试用期有较明确的规定，如试用期应当包含在劳动合同期限内，试用期内应当参加社会保险，试用期最长不得超过六个月。其中，劳动合同期限三个月以上不满一年的，试用期不得超过一个月；劳动合同期限一年以上不满三年的，试用期不得超过二个月；三年以上固定期限和无固定期限的劳动合同，试用期不得超过六个月。同一用人单位与同一劳动者只能约定一次试用期。

保守商业秘密条款 约定这一条款的目的在于保护用人单位的经济利益。近年来，越来越多的用人单位开始重视商业秘密的保护，在录用一些关键岗位的人员时均要求签订相应的保密条款。这对劳动者而言，不仅增加了义务，还限制了自己今后的择业自由和发展空间，并且劳动者一旦违反，不仅涉及劳动法上的责任，还可能要承担民法、刑法上的相应责任。因此，劳动者在签署此类劳动合同的过程中，一定要慎重审查保密条款，明确保密主体、保密范围、保密周期和泄密责任等几项内容。

根据《中华人民共和国劳动合同法》的规定，对负有保守商业秘密义务的劳动者，用人单位可与其约定竞业限制条款且竞业限制的期限不得超过两年，并且用人单位在竞业限制期限内需按月给付劳动者约定的经济补偿。针对劳动者存在违约行为之后的处理，相关法规进一步规定，在存在违约行为之时，劳动者支付违约金并不必然导致竞业限制义务的解除，用人单位仍有权要求劳动者在余下的竞业限制期内不发生相应行为。

案例链接

邓某入职甲公司担任高级客户经理，每月工资1万元，并且双方签署了雇员保密协议。半年后，邓某自甲公司离职，双方签订了一年期限的竞业限制协议，甲公司支付邓某竞业限制补偿金6万元；双方还约定如邓某违反协议，则应支付公司违约金50万元。后甲公司调查得知邓某离职后到与该公司存在竞争关系的乙公司工作，遂起诉要求邓某返还竞业限制补偿金、支付违约金并继续履行竞业限制义务。

法院经审理认为，甲公司与乙公司的基本业务存在竞争关系，邓某确实向乙公司提供劳动。故认定邓某在乙公司从事相关业务活动构成了对竞业限制协议的违反，其需如约支付甲公司违约金。邓某既已违反竞业限制协议，便丧失获取补偿金的合理理由，故邓某需返还甲公司竞业限制补偿金。法院判决邓某返还甲公司支付的竞业限制补偿金6万元并支付违约金50万元，且仍需在竞业限制期间履行竞业限制义务。

三、集体合同

集体合同是指用人单位与本单位职工根据法律、法规、规章的规定，就劳动报酬、工作时间、休息休假、劳动安全卫生、职业培训、保险福利等事项，通过集体协商签订的书面协议。集体合同制度是协调劳动关系、保护劳动者权益的重要手段。在我国，集体合同主要由工会代表职工与用人单位组织签订，没有建立工会的用人单位，由职工推举代表与企业签订。集体合同在签订后7日内，应当报送当地劳动保障行政部门登记、审查、备案。经劳动保障行政部门审查通过后，集体合同向各方公布。

第二节 劳动合同的订立、终止和解除

一、签订劳动合同的原则

平等自愿原则 平等是指劳动合同的当事人具有相同的法律地位。自愿是指订立劳动合同双方当事人的意思表示真实。如果一方以命令、欺骗、诱导的方式使另一方当事人违背自己的真实意愿接受其条件，劳动合同可以被撤销。

协商一致原则 协商一致是指劳动合同的内容是由双方当事人共同协商而取得的一致意见。如果双方当事人未经过充分协商，不能达成一致意见，就不能订立合同。

合法原则 合法是指劳动合同的当事人主体资格、合同内容和签订合同的程序均不得违反国家的强制性规定。劳动合同只有依法制定，才能产生预期的法律效力。否则，即使双方在平等自愿的基础上对劳动合同的内容协商一致，也不能产生法律约束力。

案例链接

2019年1月，小秦从外企跳槽到一家民营小公司，看中的就是新老板承诺的“月薪过万”。同时双方口头协议，等3月底完成项目后，可以再领取3万元的项目奖金。在签订劳动合同时，小秦发现合同上并没有写明工作岗位和劳动报酬，在他的一再追问之下，人事部门给出了“合同就这样，爱签不签”的回复。小秦已经辞掉了上一份工作，无奈之下只得签下空白的劳动合同。

没想到，开始的两个月，小秦每月只领到了7 000多元的工资。他找到人事部门屡次协调未果，结果人事部门以小秦不能胜任项目为名让其走人。小秦十分气愤：“其实项目研发已基本结束，可以说算是完成了。公司这样摆明了是利用我来完成项目，还克扣我的奖金。”随后，小秦向劳动监察部门举报，要求公司支付其项目奖金3万元。而公司拿出了当时和小秦签订的合同。与当初不同的是，这份合同“被填空”了，原来的劳动报酬处写着“5 000元”。“公司说，当时约定给我的工资是5 000元，实际发给我的7 000多元里，已经包括了项目奖金。”小秦说，“我现在想搞清楚的是，这样‘被填空’的劳动合同有法律效力吗?”

要想证明用人单位在合同上弄虚作假，就得找到相应的证据。劳动者在签订书面劳动合同以前一定要仔细阅读合同条款，尤其要重视格式化劳动合同中需要特别约定的空白填写部分，同时自己要坚持保留一份劳动合同原件。如果草率地在空白的劳动合同上签字，无疑将会为自己的诉讼取证留下隐患。

二、签订劳动合同的程序

劳动合同的签订程序是指订立劳动合同必须履行的法律手续。我国劳动法对劳动合同的订立程序没有明确规定。

按照一般合同的规定，一份合同的订立要经过要约和承诺两个阶段。此外，劳动合同书应当由用人单位法定代表人或其委托代理人与劳动者签字、盖章，并注明签订日期。合同一式两份，由用人单位和劳动者各执一份。

三、劳动合同的终止

劳动合同的终止是指符合法律规定或当事人约定的情形时，劳动合同的效力即告终止。劳动合同终止的原因有：劳动合同期满；当事人约定的劳动合同终止条件出现；用人单位破产、解散或者被撤销；劳动者退休、退职或死亡。

四、劳动合同的解除

劳动合同的解除是指劳动合同当事人在劳动合同期限届满之前依法提前终止劳动合同关系的法律行为。

1. 协商解除

协商解除是指劳动合同履行过程中，当事人经协商一致同意解除合同。协商解除不需要双方当事人的事先约定或法律规定，只要双方愿意，随时都可以解除合同，因此这是实践中人们常用的解除劳动合同的方法。但是，在协商解除时必须符合以下几个条件：第一，必须双方自愿；第二，应该通过双方平等协商；第三，不得损害对方利益。

另外，劳动者在协商解除合同时应当注意：必须明确双方协商解除合同的权利和责任，并以书面形式确定下来，以免解除劳动合同后出现纠纷。协商解除劳动合同时，用人单位应当按国家有关规定给予劳动者一定的经济补偿金。

2. 用人单位单方解除

用人单位单方解除合同是指在具备法律规定的条件时，用人单位单方享有解除合同的权利，无须与劳动者进行协商。用人单位单方解除劳动合同有以下三种情况。

预告解除 用人单位应当提前30日以书面形式通知劳动者本人方可解除合同。预告解除劳动合同，用人单位应当按国家有关规定给予劳动者经济补偿金。

根据劳动法的规定，有下列情形之一的，用人单位可以预告解除劳动合同：

——劳动者患病或者非因工负伤，医疗期满后，不能从事原工作也不能从事用人单位另行安排的工作的。

——劳动者不能胜任工作，经过培训或者调整工作岗位，仍不能胜任工作的。

——劳动合同订立时所依据的客观情况发生重大变化，致使原劳动合同无法履行，经当事人协商不能就变更劳动合同达成协议的。

随时解除 用人单位无须以任何形式提前告诉劳动者，可以随时通知劳动者解除合同。根据我国劳动法及有关规定，劳动者出现下列情形之一的，用人单位可以随时解除劳动合同：在试用期间被证明不符合录用条件；严重违反劳动纪律或者用人单位规章制度；严重失职，营私舞弊，对用人单位利益造成重大损害；被依法追究刑事责任。

经济性裁员 用人单位濒临破产进行法定整顿期间或者生产经营状况发生严重困难，用人单位为了改善生产经营状况而辞退成批人员。劳动法规定，在这种情况下用人单位确需裁减人员的，应当提前30日向工会或者全体职工说明情况，听取工会或者职工的意见，经向相关部门报告后，可以裁减人员。这种裁员，用人单位不但要按国家有关规定给予劳动者一定的经济补偿金，而且在六个月内录用人员的，应当优先录用被裁减的人员。根据劳动法，有下列情形之一的，用人单位不得与劳动者解除劳动合同：

——劳动者患职业病或者因工负伤并被确认丧失或者部分丧失劳动能力的。

——劳动者患病或者负伤，在规定的医疗期内的。

——女职工在孕期、产期、哺乳期内的。

——法律、行政法规规定的其他情形。

3. 劳动者单方解除

具备法律规定的条件时，劳动者可以单方解除劳动合同。

预告解除 我国劳动法规定：劳动者解除劳动合同，应当提前30日以书面形式通知用人单位。劳动者行使辞职权时应当注意两点：一是如果劳动合同约定了违约金，或用人单位支付了培训费等，劳动者解除劳动合同应当按约定承担赔偿责任；

二是提前通知的日期要符合法律规定，否则用人单位可以不同意解除劳动合同。

随时解除 根据劳动法规定，有下列情形之一的，劳动者可以随时通知用人单位解除劳动合同：

——在试用期内的。

——用人单位以暴力、威胁或者非法限制人身自由的手段强迫劳动的。

——用人单位未按劳动合同的约定支付劳动报酬或者提供劳动条件的。

试一试

运用网络资源，用具体案例说明什么情况下用人单位应向解除劳动合同的劳动者支付补偿金，什么情况下应支付赔偿金。

以上是法律规定的劳动者可以随时解除劳动合同的情况，劳动者可以无条件地随时解除劳动合同，没有提前30天书面告知的限制。除了试用期内解除劳动合同以外，其他几种情况下劳动者解除合同后，还有权要求用人单位支付经济补偿金。劳动者在随时解除合同时应当注意两点：一是法律虽然没有明确劳动者在此情况下要书面通知用人单位，但最好采用书面通知的形式；二是试用期内解除合同需要做好工作交接，避免因没有交接而造成损失，需要承担相应的责任。

探究与实践

1. 按照劳动法的有关规定，说说下列案例中小张拥有哪些权利。

小张今年7月份进入一家公司就职，合同两年一签，经理说先试用半年，可转眼期限将至，单位却迟迟未有与之签订正式合同的动静。

目前他已有辞职之心，并质疑公司做法的合法性，但又不清楚自己该怎样做才能最大限度地维护自己的合法权益。

2. 分小组讨论以下材料，说说你的看法和想法，在班级进行交流。

2019 年新春伊始，裁员风波席卷了国内的一些互联网企业，也有一些国外商业巨头纷纷抛售其非核心业务，持续精简机构和人员。

据消息称，某互联网公司将裁员 25%，以当前 1.3 万名员工的数量计算，将有 3 000 多人受到影响；英国某零售巨头也公布裁员计划，预计裁员规模将高达 9 000 人，同时还将关闭 90 家门店，并对其余店面布局做出重大调整；拥有并经营着众多家居用品门店的某集团发布声明称，为拓宽中心商场模式，加强电商平台建设，未来 2 年将裁减 7 500 人，中国区涉及 160 个岗位，裁减岗位主要集中在公关、人力资源和行政类岗位上。

第十课　劳动仲裁

贾靓在某工程公司物流部工作 6 年，2017 年清明节一过，公司人事部经理突然找他谈话，要把他调到销售部工作，且只发基本工资，3 个月业绩考核不过关就需自动离职。如果他不去销售部就降低工资，每月只发当地规定的最低工资。

“这不就是变相裁员吗?”当时贾靓没有同意，他来到劳动人事争议仲裁机构投诉并申请了仲裁。可公司人事部经理说：“爱去哪儿告就去哪儿告，你也拿不出证据。”

经调查，劳动人事争议仲裁机构工作人员告诉贾靓，他并没有拿出音频、纸质或电子证据能证明公司让他调岗、降薪，维权有难度。3 个月后，劳动人事争议仲裁机构做出裁决：因证据不足，驳回贾靓申请经济补偿金的请求。

这一事件并非孤例。举证能力不足是此类诉讼中劳动者败诉的一大原因。

第一节　劳动争议处理

一、协商

劳动争议是指劳动关系双方当事人因执行劳动法律法规或履行劳动合同而发生的纠纷。

我国劳动法规定，用人单位与劳动者发生劳动争议，当事人可以依法申请调解、仲裁、提起诉讼，也可以协商解决。根据这一法律规定，我国处理劳动争议的途径主要有协商、调解、仲裁和诉讼。

劳动争议发生后，可先由争议双方当事人自己协商解决，协商达到一致结果后，双方按照达成的协议自觉履行。但协商不是处理劳动争议的必经程序，达成的协议对双方也无法律拘束力，若双方不愿协商或协商不成，可以向本单位劳动争议调解委员会申请调解或向劳动争议仲裁委员会申请仲裁。

二、调解

劳动争议发生后，当事人可以向本单位劳动争议调解委员会申请调解。它是依法成立的调解本单位劳动争议的群众性组织。

劳动争议发生后，当事人双方愿意调解的，可以书面形式或口头形式向调解委员会提出调解申请。调解委员会接到申请后，依据自愿、合法的原则进行调解。

自调解委员收到调解申请之日起 15 日内未达成调解协议的，当事人可以向当地劳动争议仲裁委员会申请仲裁。

调解不是劳动争议解决的必经程序，调解协议也没有要求双方当事人必须履行的法律效力。当事人若不愿调解或调解未成，可直接向劳动争议仲裁委员会申请仲裁。

三、仲裁

劳动争议仲裁委员会是劳动争议的仲裁机构。它是由省、自治区、直辖市人民政府依法决定设立，对劳动争议进行仲裁的专门机构。我国可以在市、县、直辖市可以在区、县设立劳动争议仲裁委员会，负责仲裁本区域内发生的劳动争议。

仲裁：劳动争议处理的法定程序

仲裁是我国法律规定的处理劳动争议的法定程序，具有法律的强制效力。也就是说，劳动者一旦和用人单位发生劳动争议，不但可以直接向用人单位所在地劳动争议仲裁委员会申请仲裁，而且裁决生效后，一方如果不执行，另一方可向人民法院申请强制执行。

四、诉讼

我国劳动法规定，劳动者如果与用人单位发生劳动争议，不能直接向法院提起诉讼，而必须经当地劳动争议仲裁委员会进行仲裁。如对仲裁结果不服，才可以自收到仲裁裁决书之日起 15 日内向人民法院提起诉讼。

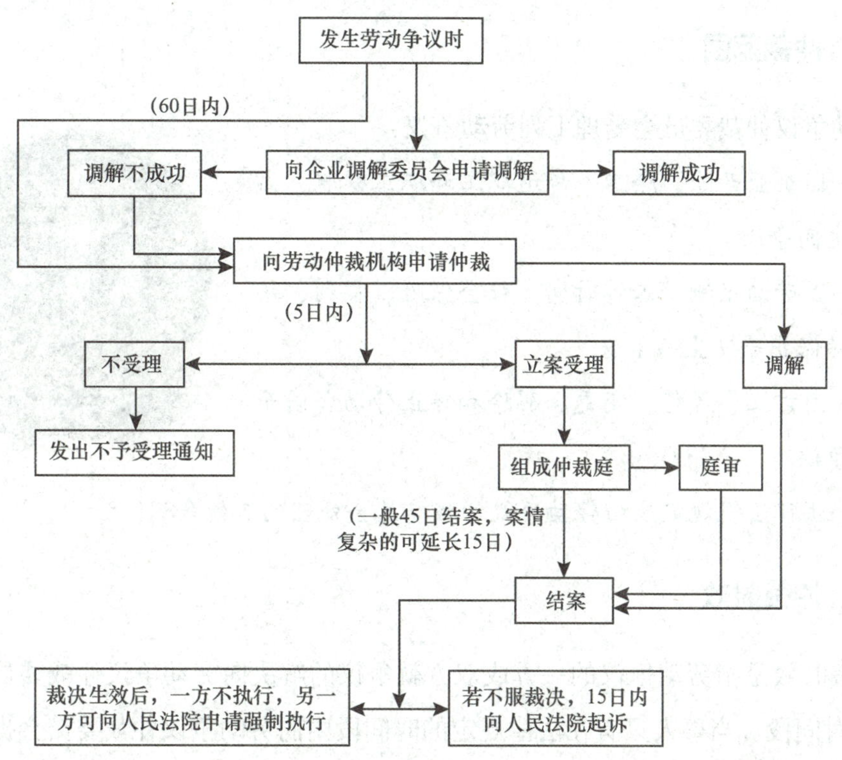

议一议

近几年，劳动争议案件数量居高不下。2018 年，全国各地劳动人事争议调解仲裁机构共处理争议 182.6 万件，涉及劳动者 218.7 万人，全年办结争议案件 171.5 万件。结合网络资料，试分析出现此类现象的原因有哪些？对于增强劳资双方法律维权意识的途径，你有哪些建议？

第二节　仲裁实务

一、仲裁范围

劳动争议仲裁委员会受理下列劳动争议：

——因企业开除、除名、辞退职工和职工辞职、离职而发生的争议。

——因劳动报酬、工作时间、社会保险、福利、培训、劳动保护等发生的争议。

——因订立、履行、变更、解除和终止劳动合同而发生的争议。

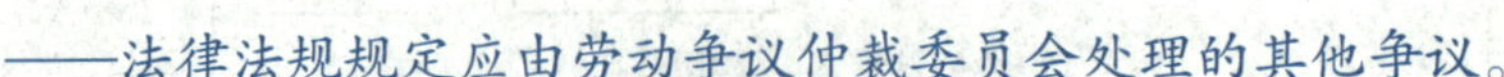

——法律法规规定应由劳动争议仲裁委员会处理的其他争议。

二、仲裁时效

仲裁时效是指劳动争议的一方或双方就争议的解决向劳动争议仲裁委员会提请仲裁的时间段。当事人只有在法律规定的时间段内向劳动争议仲裁委员会提出仲裁申请，才能得到法律的保护。仲裁时效期间从当事人知道或者应当知道其权利被侵害之日起计算。我国劳动法规定，提出仲裁要求的一方应当自劳动争议发生之日起60日内向劳动争议仲裁委员会提出书面申请。

案例链接

2013年8月，李某进入某公司工作，入职时双方签订了三年期的劳动合同，约定试用期为三个月。2016年7月，该公司人事部门认为李某的工作能力一般，与李某协商降职降薪续订劳动合同被李某拒绝。2016年8月，双方劳动合同到期，该公司终止与李某的劳动合同，为其办理了失业登记，但未支付经济补偿。2017年12月，李某认为公司终止双方劳动合同未支付经济补偿的行为，侵犯了其合法权益，于是向劳动人事争议仲裁委员会申请仲裁，要求公司支付终止劳动合同的经济补偿。公司则认为合同终止的原因是李某不愿续订导致，且李某的仲裁请求已超过仲裁时效，其请求不应得到支持。

《中华人民共和国劳动争议调解仲裁法》第二十七条第一款规定，劳动争议申请仲裁的时效期间为一年。仲裁时效期间从当事人知道或者应当知道其权利被侵害之日起计算。虽然李某所在公司未按原劳动合同约定的条件与李某续约，并终止与李某的劳动合同，应当向李某支付经济补偿。但李某怠于行使权利，未及时申请仲裁，导致其仲裁申请已超过一年的仲裁时效。故在公司提出时效抗辩后，仲裁委员会驳回了李某的仲裁请求。

有时当事人可能由于特殊原因而超过了申诉时效，对于这种情况，仲裁委员会会区别情况，分别处理：对无正当理由超过申诉时效的劳动争议，仲裁委员会不予受理；当事人因不可抗力或者其他正当理由超过规定的申请仲裁时效的，仲裁委员会应当受理。

“不可抗力”是指不能预见、不能避免并不能克服的情况。例如因地震、水灾、火灾等现象而产生的情况或者因战争或其他类似的军事行动等社会现象而产生的情况。“其他正当理由”范围很广，例如，当事人不知道有仲裁委员会而向其他部门申诉延误时效或者因生病而延误了时效等。至于“理由”是否正当，则应由仲裁委员会认定。

三、仲裁申请书

劳动争议仲裁申请书是劳动纠纷的一方当事人，将已发生的争议正式提交仲裁机构，申请裁决以保护其合法权益的法律文书。

一般来说，劳动争议仲裁申请书包括首部、正文和尾部三个部分。

首部应写明“劳动争议仲裁申请书”的标题，争议当事人姓名（用人单位应写明法定代表人）、性别、年龄、民族或国籍，用工性质、工作单位、住址、通信地址、联系方式等，有委托代理人的，应写明代理人的姓名、工作单位等情况。

正文是仲裁申请书的主体部分，应包括请求事项及所依据的事实和理由。

尾部包括：申请书提送仲裁机构名称、申诉人姓名或名称、申请时间。同时写明提交的副本份数、物证、出证名称与件数。

在仲裁申请书中提出仲裁请求时要做到明确、具体、合法合理、考虑周全；介绍所依据的事实时，应阐明当事人之间的法律关系，劳动纠纷发展的过程，争议的焦点，对方应当承担的责任等，自己有责任的亦应提到；申请人在举证时，要列举证据名称、内容及证明的对象，说明证据的来源和可靠程度，提交证据的原件和复印件，如有证人应说明证人的姓名和住所。

下面是一份劳动争议仲裁申请书例文。

劳动争议仲裁申请书例文

劳动争议仲裁申请书

申诉人：陈××，女，37岁，天宇丝织厂固定工，住××市××路1号，电话号码：×××××××××。

被诉人：天宇丝织厂，地址：××市××路35号，电话号码：×××××××××，法定代表人：吴××，天宇丝织厂厂长。

请求事项：

1. 撤销天宇丝织厂对我的除名决定，恢复我的工作。

2. 补发工资、津贴等计人民币××××元。

3. 由天宇丝织厂承担仲裁费用×××元。

事实和理由：

我于××××年×月×日因涉嫌盗窃天宇丝织厂白丝，被××区公安分局收容审查。期间，厂方以"陈××因盗窃被公安机关拘留"为由，对我做出除名的处理决定。现经公安机关审查，证明我是无罪的。之后，我数次回厂要求上班，厂方均不予接受。自审查结束至今，我已有1个多月不能上班，工厂也未发给工资和津贴等，致使我的家庭生活十分困难。

我认为，公安机关已证明我无罪，而天宇丝织厂以我犯了盗窃罪为由将我除名是没有法律根据的。在我被收容审查期间，天宇丝织厂将我除名，也不符合劳动法中关于对职工除名的相关规定。为此，特申请仲裁，恳请依法维护我的合法权益。

此致

××市劳动争议仲裁委员会

申诉人：陈××

××××年×月×日

附件：

1. 申请书副本1份。

2. ××区公安局"关于排除陈××盗窃嫌疑证明书"1份。

3. 因被除名而损失的工资、津贴清单1份。

四、事实劳动关系的保护

事实劳动关系是指用人单位与劳动者没有订立书面合同，但双方已实际履行了劳动权利和义务，形成了事实上的劳动关系。其特征是：劳动者为用人单位提供了劳动，接受了用人单位的管理，遵守了用人单位的劳动纪律，获得了用人单位支付的劳动报酬，受到了用人单位的劳动保护等。

对于事实劳动关系，有关劳动法律法规是这样规定的：

——用人单位与劳动者之间形成了事实劳动关系，而用人单位故意拖延不订立劳动合同，劳动行政部门应予以纠正。用人单位因此给劳动者造成损害的，应按劳动法的相关规定进行赔偿。

——有固定期限的劳动合同期满后，因用人单位方面的原因未办理终止或续订手续而形成事实劳动关系的，视为续订劳动合同，用人单位应及时与劳动者协商合同期限，办理续订手续。由此给劳动者造成损失的，用人单位应当依法承担赔偿责任。

在事实劳动关系中，劳动者的合法权益如果受到侵害，维权的难度因没有书面合同而加大。因此，除了要有维权意识外，还需注意以下几点：

第一，要证明事实劳动关系的存在。例如，在发生争议之前就要注意搜集原先的劳动合同、工资单、考勤卡、工作证、出入证、开会通知、报销单据等，以证明劳动者确实与用人单位之间存在劳动关系。

第二，要取得用人单位故意拖延不续订劳动合同的证据。如要求单位尽快签订劳动合同的谈话记录、证人证言、单位要求填的有关表格、单位借口拖延续订的证明等。

第三，要取得用人单位单方面终止劳动关系的证据。如单位书面解除劳动关系的通知、谈话记录、证人证言、公司发文等。

第四，取得上述证据后，可以提起仲裁，对仲裁不服的，可以提起诉讼。

举报投诉：劳动监察人员在行动

第五，鼓励劳动者对用人单位的上述

行为向劳动监察部门进行举报、投诉。劳动监察部门会进行调查确认，并责令用人单位改正，有的还可处以罚款。这个程序的好处在于劳动者不直接与用人单位发生冲突，避免了用人单位的报复；行政执法时间较短；如果劳动监察部门不去查处，劳动者则可以就其行政不作为提起行政诉讼。

探究与实践

1. 邀请本地劳动争议仲裁委员会仲裁员来校举办系列讲座，介绍有关劳动者权益、劳动合同及劳动仲裁实务等方面的知识。

2. 学校可组织学生旁听劳动争议仲裁庭审过程，并组织模拟仲裁活动。

维权案例解析

案例一

解除合同要符合程序

宋某是一家合资公司财务部的会计。一天上班时，她擅自溜出公司，到自由市场去买水果，被公司财务部经理发现，并口头对其进行了批评警告。一周后的一天，宋某又在上班时偷偷跑到外面去逛商场，结果被公司副总经理看见。

针对宋某这两次违反劳动纪律的行为，公司根据《员工守则》“上班时间内逛商店（场）、买东西的行为，属于乙类过失……对犯乙类过失者，第一次书面警告后，第二次再犯立即解除劳动合同”的规定，做出了与宋某解除劳动合同的决定。宋某不服，认为公司并没给过她书面警告，不符合公司《员工守则》规定的解除劳动合同的条件，所以不能直接解除劳动合同。

公司则认为：宋某两次违纪的事实清楚，证据确凿。虽然公司对她的第一次乙类过失没有书面警告，而只是口头警告，但也只是公司处理程序上的小问题，并不影响对她两次违纪行为的认定和给予她解除劳动合同的处理。

劳动者与用人单位在履行劳动合同的过程中，双方当事人不仅要受劳动法律法规和劳动合同的约束，而且还要共同遵守企业内部的规章制度。如果企业内部的这种规章制度不违背劳动法律法规中的义务性规范和劳动合同的约定条款，那么它对当事人双方就都具有约束力。

本案中的《员工守则》是企业规章制度的一部分，是对职工行为的规范，也是对企业处理职工违纪行为时的程序规定。因为法律法规对职工的违纪行为不可能一一列举，劳动合同中一般也不具体规定何种行为为违纪行为，以及违纪行为达到何种程度时企业才有权与职工解除劳动合同。企业的规章制度对法律法规和劳动合同的这一空白进行了补充。

企业在对职工的违纪行为进行处理时，必须适用规章制度的实体性规定和程序性规定。宋某的两次违纪行为，均属于《员工守则》中规定的乙类过失，但公司对职工的乙类过失应“第一次书面警告”，第二次再犯才能“立即解除劳动合同”。即公司以乙类过失为由，解除与职工的劳动合同时，必须经过书面警告的程序。

程序规定和实体规定密不可分，程序不合法合规的处理决定本身也是不合法合规的。本案由于公司对宋某的第一次违纪行为未给予书面警告，发生第二次违纪行为时就不能直接解除其劳动合同。因此，公司解除与宋某劳动合同的决定程序不合法合规，应予撤销。

案例二

招聘广告中的承诺有效吗?

从技师学院毕业后，一天，小毕突然看到某外资企业登出了一则招聘广告，广告中写道：“本公司录用的员工将送到国外培训半年至一年。”小毕经过努力，顺利地进入了这家公司。加入新公司的小毕对工作充满希望，想通过积极工作得到重视，得到出国的机会。但是两年过去了，出国培训的事情依然没有动静。小毕觉得企业严重侵犯了自己的合法权益。

劳动争议仲裁委员会受理了此案。公司在其应诉书中声称，公司与小毕的劳动合同中并没有约定送小毕出国培训的条款，因此公司没有此项义务；招聘广告中的承诺条件并没有写进劳动合同中，因此不具有法律效力。

最终，仲裁庭采纳了公司的辩护意见，做出以下裁决：小毕与某公司的劳动合同中并没有公司应当承担送小毕出国培训的条款，因此公司没有此项义务。招聘广告中的承诺，因为没有写进劳动合同中，不具备法律效力，仲裁庭驳回了小毕的仲裁请求。

裁决后，小毕百思不得其解，为什么公司写在招聘广告中的承诺就不算数呢?其实，这个问题主要涉及两个方面：一是招聘广告的性质及效力；二是招聘广告与随后签订的劳动合同的关系。

现实中，用人单位通过网络、新闻媒体等发布招聘广告，许多求职者则通过这些广告应聘，对于招聘广告的法律性质需要有清醒的认识。首先要知道什么是要约与要约邀请。

要约是希望和他人订立合同的意思表示。该意思表示的内容必须具体确定，如果有人接受要约人的要约，发出要约的人即受该意思表示的约束。

要约邀请是希望他人向自己发出要约的意思表示。由于要约邀请是要求他人向自己发出要约，所以其不具备对要约邀请发出人的法律约束力。

现实中用人单位的招聘广告在性质上只能属于要约邀请，理由在于：首先，要约要求其对象必须是特定的，而招聘广告的对象并不是特定的人，而是潜在的不特定的对象。其次，招聘广告没有具备订立合同的主要条款。劳动法规定劳动合同应当以书面形式订立，并必须具备相关条款，企业的招聘广告内容一般并不包含上述法律规定的劳动合同的必备条款。最后，招聘广告是企业承担费用，通过一定的媒介和形式直接将招聘劳动者的信息向不特定的多数人发布的行为。

要约邀请发出后并不产生法律约束力，发出人没有履行要约邀请的义务，因此，用人单位对于招聘广告中的内容并不承担必须履行的义务。受聘的劳动者如果要让用人单位受招聘广告的约束，最好的办法就是在与单位签订劳动合同时，要求将广告的内容写入合同条款中。

案例三

哺乳期女职工的劳动合同可以解除吗？

蓝某为某贸易公司会计。该公司《员工手册》规定，员工1个月内在上班时间有上网炒股、网购、私聊等3次以上违纪行为的，公司即可随时解除劳动合同。2018年10月7日，蓝某分娩。产假结束后蓝某于2019年2月7日返岗上班，之后每天上班时忙里偷闲，或浏览育儿方面内容的网页，或网购婴儿用品，或与网友聊育儿话题。公司财务经理胡某多次发现蓝某的上述行为，当场指出并严厉批评。蓝某认为自己处于哺乳期，贸易公司不能解除劳动合同，遂我行我素。贸易公司经征询工会意见后，于2019年3月11日以蓝某一个月内存在8次以上利用上班时间因个人私事上网的违纪行为，严重违反《员工手册》的规定为由，解除与蓝某的劳动合同。蓝某认为贸易公司违法解除双方劳动合同，应当支付赔偿金。

《中华人民共和国劳动合同法》第四十二条规定，女职工在孕期、产期、哺乳期的，用人单位不得依照本法第四十条、第四十一条的规定解除劳动合同。第四十条是有关劳动者非过失性原因和客观情况的需要致使无法继续履行劳动合同时，由用人单位解除劳动合同的规定。第四十一条则是有关经济性裁员的规定。当蓝某处于哺乳期时，贸易公司不能依据这两条规定解除与她的劳动合同。但用人单位解除与劳动者的劳动合同，除了第四十条和第四十一条规定的这两种情况外，还有第三十九条规定的因劳动者过错用人单位可解除劳动合同的情况。蓝某哺乳期上班时8次上网做与工作无关的私事，严重违反贸易公司的《员工手册》的规定，贸易公司因此可以解除与蓝某的劳动合同，且无须支付赔偿金。

案例四

欺诈订立合同无效

张先生的公司前不久发布招聘广告，拟招聘一位有1年以上网站策划工作经历的职员。李某前来应聘，她在回答公司提问及填写履历表时，均称自己做过2年网站策划工作。公司遂与李某签订了为期1年的劳动合同。

后经调查了解得知，李某大学毕业后曾在某单位做了两个星期的网站策划工作，其后一直待业。公司认为李某虚构工作经历，决定将她辞退。李某提出，公司无故辞退她应当支付经济补偿金。

那么，张先生的公司能否因李某虚构工作经历而辞退她并不支付其经济补偿金呢？

根据劳动法规定，违反法律、行政法规的劳动合同与采取欺诈、威胁等手段订立的劳动合同无效。其中“欺诈”是指一方当事人故意告知对方当事人虚假的情况，或者故意隐瞒真实的情况，诱使对方当事人做出错误意思表示的行为。

本案中的李某前来应聘，应当提供自己的真实信息，如实回答公司的提问，而她虚构自己的工作经历，致使公司对其工作能力做出错误判断，进而与她签订劳动合同。由于公司的具体职位对应聘者工作经历有特殊要求，聘请没有相应工作经历的职员是违背公司意愿的，因而张先生的公司与李某签订的劳动合同应当属于无效劳动合同。无效劳动合同自始无效，因此公司有权辞退李某。

只有劳动合同有效，才存在解除合同的问题，如果劳动合同无效，则无所谓解除，更谈不上支付经济补偿金。因此，公司辞退李某，无须向其支付经济补偿金。

探究与实践

1. 访问自己的父母和亲朋，了解他们在既往的工作中有无合法权益被侵犯的情况，当时是如何处理的，结果怎样。

2. 运用网络资源，选取 3 个劳动者违反劳动法或维权不当的案例，写出案例分析报告。

第四单元 点击创业

学习目标

⊙ 了解什么是创业以及创业者应具备的基本素质

⊙ 了解一定的市场知识，培养创业意识和技能

⊙ 了解创业的一般途径和方法，提高创业实践的成功率

“大众创业，万众创新”，这条自由而又充满荆棘的创业之路，被时代推动，也被初心召唤。在创业的道路上，有人恐惧过，也有人失败过、犹豫过，但没有人逃避过。在期待中、在追求里，他们的能力与才华展现得淋漓尽致。

创业无坦途，如果你付出过、拼搏过、奋斗过、竞争过，走过这段灿烂与煎熬共舞的岁月，相信你内心的渴望与追逐的梦想，终会得到满足。

当翻过一座山，就向成功走近一步；当越过一道障碍，就向梦想靠近一步。吃过的苦和走过的路，会成为坚实的翅膀，让你在创业的天空，展翅飞翔。

第十一课　创业条件

1921 年 6 月 2 日，电报诞生整整 25 周年。美国《纽约时报》对此发表了一篇社论，谈到当时人们每年接收的信息量是 25 年前的 50 倍。

对这一消息，当时在美国至少有 16 人做出了反应。那就是，创办一份文摘性刊物，让人们能在浩如烟海的信息中，尽快获得自己需要的东西。这 16 人中，有律师、作家、推销员，有从事新闻工作的编辑、记者，有刚走出校门的大学生，甚至还有一名国会议员，他们都认为这类刊物必定有广阔的市场，投资创办之后，其收益必将无可限量。

在不到 3 个月的时间里，这 16 位有先见之明的人士，都到银行存了法定资本金，并领取了执照。然而，当他们到邮电部门办理发行手续时却被告知，该类刊物的征订和发行至少要等到次年。

得到这一答复后，其中的 15 人为了免缴执业税，都申请暂缓执业。只有一位叫华莱士的年轻人在纽约的一个储藏室里，和他的未婚妻一起糊了 2 000 个信封，装上征订单从邮局寄了出去。

从那时起，世界出版史上的一个奇迹就诞生了。在巅峰时刻，他们创办的这份《读者文摘》被译成 19 种文字，在全球 127 个国家和地区发行，每期发行量逾 3 000 万册。华莱士夫妇成为世界传媒界中的名人。

第一节 创业者素质

一、认识创业

创业是人们运用知识与技能，以自己开创性的劳动为个人开创职业、为社会创造财富的经济活动过程。

创业包括以下两个层次的内容：

第一，灵活就业并在自己所从事的职业活动中，以不同于传统的、有别于常规的方式进行工作。

材料链接

2019年三大轻创业模式

一、微商

微商的崛起给人们带来了一种新的生活方式和观念。

早期经营外贸生意的张燕霞，在微信推出后不久就意识到了微信推广带货的广阔前景。2016年，一次偶然的机会让张燕霞与某内衣微商品牌结缘，从此她致力于推广该品牌走向市场，成为该品牌辉煌的缔造者。2018年8月，她带领的该品牌浙江区域销售额达到了5 000万元，9月突破了6 000万元，并一路攀升很快就突破了月销售额1亿元。

二、视商

视商就是通过直播做生意，利用视频直播的方式，在平台里销售商品。相对于单纯枯燥的文字、图片的沟通方式，直播具有受众广、传播快、互动性强等特点。在传统电商已经不能完全满足消费者需求的形势下，一些人已经看准了视频直播的商机，将线上流量转化为线下售卖的客流。现在直播已经成为店铺吸引流量的一大渠道，根据2018年淘宝直播数据，2018年开通直播的商家数量较2017年同期增长300%。

三、“抖”商

抖音、快手等短视频近两年以迅雷不及掩耳之势抢占了大众市场，其中以抖音势头更盛。

中国14亿人口中，每三个人里就有一个人在玩抖音，在庞大的流量中，抖音带货将成为一种新的商业模式，通过短短十几秒的小视频，让观众看到商品的价值。在这种趋势下，一类新的群体——“抖”商也应运而生。

“买它！”“好好看啰！”这已经成为李佳琦的经典台词。1992年出生的李佳琦，如今是众人口中的“口红一哥”，创造出在一场淘宝直播中，1分钟卖掉14 000支唇膏的记录。继直播后，李佳琦在入驻抖音2个月后就吸粉1 400多万人。

第二，创办企业并亲自经营，这不但解决了自己的职业岗位，还能够为他人提供就业岗位。

2014年9月，在夏季达沃斯论坛上，李克强总理第一次提出“大众创业、万众创新”的口号，强调要借改革创新的“东风”，在960万平方公里的土地上掀起一场“大众创业”“草根创业”的浪潮，形成“万众创新”“人人创新”的新态势。2015年1月，在瑞士冬季达沃斯论坛上，李克强总理在开幕式上发表特别致辞，首次将“大众创业、万众创新”称为中国经济的“新引擎”。他表示，体制的创新，可以激发亿万人的创造力，也可以改变亿万人的命运。

创业与就业既有联系又有区别。人们可以在就业中创业，而创业就是自己创造出一个适合自己的职业岗位来就业。创业管理大师拉里·法雷尔指出，发展创业型经济是打赢21世纪这场全球经济战争的关键。创业不仅可以创造财富，还能带来新的就业机会，帮助人们更好地实现经济追求和自身价值。

二、积极的心态

积极的心态是相对于消极的心态而言的，尤其是在逆境中，积极的心态能使人保持乐观的情绪、顽强的意志和冷静的思考；而消极的心态则使人不思进取、得过且过，一旦遭遇挫折，就会丧失信心，甚至颓废消沉。

案例链接

两个商人到非洲开拓皮鞋市场。一个商人看到人人都打着赤脚，大失所望：这些人都打赤脚，怎么会买皮鞋呢？于是打道回府。另一个商人看到人人都打着赤脚，惊喜万分：这些人都没有皮鞋，这个市场太大了。于是设法引导当地人购买，终于打开了销路，大获成功。

面对同样的景象，两个商人为什么得出相反的结论呢？奥秘就在于他们的心态。积极的心态是创业者能否获得成功的决定性因素之一。

三、创新的意识

创业就是要为社会提供产品和服务，就是要进入市场立足和生存。因此，创业者只有具备创新意识，才能找到市场的切入点，才能有积极进取的动力源，也才能在激烈甚至残酷的竞争中杀出一条通向成功的道路。

案例链接

很多行业的从业人员在工作时需要穿着职业装，比如银行、机场、航空等服务行业。而职业装既需要定制又需要经常清洗。

益洗新公司的创始人周子姗是一位海归服装设计师，1993 年回国后，她专注于提供职业装从设计到定制的服务，为众多企业规划设计、制作企业形象装。

2014 年，周子姗发现传统企业职业装市场已经进入瓶颈，尽管这个市场的容量非常大，年需求量在 3 000 亿元~4 000 亿元，但是竞争激烈，很多品牌服装已进入这个领域，运营越来越难。

周子姗经过长期研究，发明了“智能生态环保移动洗衣房”（具有 4 个发明专利、12 个实用新型专利），并成立益洗新公司。通过互联网，益洗新公司与客户形成了洗衣环节的双重“移动”：客户可以随时在移动端下单，洗衣房可以移动到任何一个区域。在商业模式上，益洗新公司不再将卖服装作为营收来源，而是将服装免费赠送，通过给客户提供洗衣服务来实现企业的转型升级。

创新并不像人们想象得那么高深莫测，但要具备创新意识，需要不断地进行自我培养。对创业者来说，创业本身就是创新意识的体现，当创业者在创业的道路上，从一个成功走向另一个成功时，创新意识就会得到升华，从而形成创新意识的最高境界——创新世界观，创业者就会据此而不断追求创业的新境界。

四、坚韧的毅力

创业的过程绝不可能是一帆风顺的，有成功，也有失败。对于初次创业的人来说，失败的概率要更大一些。这就需要创业者必须具有坚韧不拔、百折不挠的心理品质。

案例链接

杨万里，温州市金标润园艺有限公司董事长。这个与花草打交道的小伙子的创业旅程，同一株植物的成长何其相似。

接触无土栽培纯属一次偶然。原本在温州科技职业学院读食品检测专业的杨万里，却在大一时跟着老师做起了这个与种植有关的课题。

无土栽培是一种融合了科技力量，有着环保、节能功效的种植方式。这种种植方式一下子吸引了杨万里的眼球。这个心思敏锐的小伙子发现，用水培的方式种植观赏植物，在市场上比较少见，但他想尝试一下。

经过几个月的查阅资料，询问花鸟市场的多家店主后，杨万里选择用最怕水的仙人掌来直接进行水培实验。据说水培方式的存活率高达 80%，但实验的 100 个仙人球最终只活了三四个，其他全部烂根。

杨万里不服输，决定自己从头摸索。那段时间，白天除了上课，他都待在大棚里，往往晚上十点后才回宿舍。反复研究之后，他发现，火山喷发的酸性熔岩——珍珠岩，这种比米还小，犹如白沙的矿石，不仅透气性好，而且干燥。用它作为介质培育仙人球，似乎是条可行之路。

说干就干。半个月后他惊喜地发现，仙人球竟然长出了 2 厘米的新根。这批实验的结果，成活率达到了 90% 以上。

技术问题解决了，新的问题又出现了。创业路上，合作伙伴选择放弃。刚开始的四人团队，如今，只留下杨万里独自一人。这对于创业初期的他来说，是一个极大的打击。

最后一名合作伙伴离开前，曾劝他一起转行。试了一年，规模做不大，客源又不固定，另谋出路才是明智之选。但，杨万里婉拒了。

针对没有固定客源、规模不大等问题，他采取了完善售后、开拓市场等方式。比如，对于一些买了发财树这种怕冷的植物的客户，他会留下记录，等到秋冬季节，送上耐寒的水培植物替换，将发财树接回恒温的大棚培育，待到天气转暖，再将发财树送回去。这样做不仅加强了与顾客的联系，同时，也建立了良好的口碑，不少客人都推荐朋友、亲戚来杨万里店中购买。此外，针对水培观赏性强、适合室内种植、易打理等特点，杨万里把目光从单一的散户转向了政府、企业。这样不仅订单大，而且一旦建立起合作关系，便是长期的。

此外，他又与电子商务平台合作，挖掘网上购物市场。

杨万里就像一株具有韧性的植物，无论环境多么恶劣，都能找到生存的方法。

如今，他可以不翻看书籍，就能报出上百种花草的习性。“任何事情做精了，都可以举一反三。”

如今，这位不擅长与人打交道的男孩，已可以在谈笑间拿下十万元订单。“创业，真的特别锻炼人。”

如今，笑起来还有些谦虚腼腆的80后，已经成立了自己的公司，“我的创业才刚刚开始，还有很长的路要走。”

创业路上，让杨万里痛苦的或许不是培育新品种失败，不是失去创业伙伴，而是放弃他的创业梦想。每一个创业项目的成功，都离不开创业者坚韧的毅力，一路艰辛、一路挫折，甚至在失败中披荆斩棘地走过来。

五、创业的能力

首先，自主创业要有勇气和魄力。因为自主创业不但要比传统的就业付出更多的时间、精力和体力，而且要承担各种风险所带来的巨大的心理压力。此外，还要具有化解各种风险的知识、技巧和能力。

其次，具备一定的市场认知能力是创业的基础。因为只有具备了这种能力，才能在纷繁复杂的市场中发现商机，找准自己的创业定位。

案例链接

对于饱受“最后一公里”困扰的大城市居民来说，基于移动互联网的共享单车无疑是2016年一个重要的商业模式创新。

摩拜单车创始人胡玮炜毕业于浙江大学城市学院新闻系，之后在汽车行业做了近十年的媒体记者。2013年初，在一次国外的汽车展览会上，她被各大汽车公司展出的人车交互、车车交互及未来交通出行产品和概念所触动，回国后不久便创办了极客汽车。随着极客汽车的发展壮大，胡玮炜结识了越来越多汽车行业里的先锋人物，并开始畅想未来的出行方式，她认为个人交通工具将会回归，比如自行车和电动车。

胡玮炜在一次大会上说：“我很喜欢骑自行车，在我看来，一个城市如果能有自行车骑行，那是幸福指数很高的一件事。”她提及自己以前在国内外一些城市旅游的时候，看到路边的公共自行车想骑，但是不知道去哪里办卡、怎么退卡、到哪里还车，“我要做的自行车首先要用技术手段解决这些痛点。”

2014年12月，胡玮炜迅速组建了团队。2015年1月，“互联网+科技”思维的摩拜单车横空出世。

对于胡玮炜来说，摩拜单车更像是一场城市复兴运动，它改变了城市的生态，而不止于交通出行本身。人们惊叹于她敏锐的商业嗅觉、独到的创业眼光与定位。

最后，要具备一定的经营管理能力。这是创业者必须具备的较高层次的能力，它直接决定着创业的成败和创业的规模与效益。但这种经营管理能力并不是与生俱来的，必须在经营实践中不断学习、积累，最后才能百炼成钢。

议一议

结合自己所了解的创业者的实际，谈谈作为创业者还应当具备哪些基本素质。

第二节 创业环境

一、政策环境

近年来，国家高度重视创业创新工作，出台了《关于大力推进大众创业万众创新若干政策措施的意见》等一系列文件，对大众创业万众创新工作提出了明确要求，提供了系列政策保障。同时，不少地区出台了鼓励支持学生创业创新的支持政策，如享受税费减免、创业担保贷款、创业补贴、场租补贴等各项创业扶持政策；通过举办创业创新大赛、专题竞赛等多种方式，营造良好氛围；建立创业基地和众创空间，实行院校师生创业创新培训全覆盖等。

案例链接

鲁峰学习的是计算机专业，毕业之后，他看到软件服务行业的前景乐观，于是也想方设法进入了这一行业。他知道，国家给予这一行业的支持力度相当大：先是减免15%的生产所得税，如果愿意在高新科技园创办高新技术企业，还可以连续两年免征所得税。他仔细算了一下，这些优惠政策确实可以为自己省下一大笔支出。于是，鲁峰动心了，召集他的好朋友们一起加入这一行业，开始了创业。他们公司主要是给中小型机构做软件培训，偶尔也做软件外包，这是他们的优势所在。这个公司在努力拼搏之后，终于将营收和支出平衡起来。因为他们做得非常不错，再加上坚持不懈的努力，公司得到了一个风险投资，于是他们立刻用这笔资金将办公地点搬进本地高新技术园区。这下，他们的所得税也实现了约一年的减免，并且在高新科技园区享有相当多的扶持政策，包括房租、物业等。这些政策都为公司今后的发展创造了非常有利的条件。

二、家庭环境

家庭是创业者早期接受启蒙教育和健康成长的摇篮。每个创业者的家庭状况都因人而异，无论家庭条件好坏，对创业者来说都有可以利用的价值。例如，有的创业者的父母原先就是私营企业的经营者，显然其创业的起点就比较高，所走的弯路相对也会较少；有的创业者家庭比较富有，因而容易得到创业资金的支持并能承受相对较大的经营风险；有的创业者家庭虽然非常贫穷，但这反而会成为其创业的强大动力；有的创业者有家传的手艺，像剪纸、编织等，这就为其提供了有优势的经营项目，加之具备一定的技术，创业者在创业活动中更容易成功。

案例链接

10 年前，从长春大学电子信息工程专业毕业的卜睿不想找工作，而是一心要回农村老家做豆腐，父母听说后火冒三丈，邻里亲戚也议论纷纷。“做豆腐，用得着上大学吗？”

可卜睿偏偏认为，“做传统手工豆腐、树品牌会大有商机”。她想开豆腐加工厂，把生产扩大到传统作坊的 100 倍，坚持手工制作，开门店，打造“卜家豆腐”品牌。

如今，卜睿的设想已一一实现。她注册成立了吉林省昌睿食品有限公司，年销售额超500万元。除了水豆腐、干豆腐和豆浆等豆制品外，公司还发展经营黑猪和土鸡养殖等业务，卜睿还发起成立了“长春市女大学生返乡创业联盟”。在这个被大家称为“豆腐西施”的姑娘看来，“农村创业大有前景”。

当然，在家庭环境中，还有两种值得关注的情况：一种是创业者带领全家进行创业，如建立一个以家庭成员为主的企业等；另一种是“一家两制”，就是一个人创业，其他家庭成员稳定就业，这样可以有效地防范一旦创业失败而可能带来的生活风险。

三、人际环境

人际环境对创业者来说十分重要。尤其是在当前市场经济条件下，搞好人际关系，对创业者顺利完成创业活动将起到积极的促进作用。所谓人际关系，主要是指创业者在自己工作、学习以及生活的空间内，通过交往而逐步形成的与他人相对稳定的关系。人具有社会属性和自然属性，其社会属性主要是通过人的社会行为体现出来，具体表现在每一个人在衣食住行等方面都不可能脱离社会群体，总要直接或间接地与他人发生联系。这样，创业者就会在自己的生活范围内逐步形成一个相对稳定的关系网络。这个网络对于每一个创业者来说，都是一笔不可多得的财富。

试一试

取一张白纸，在上面写上：你愿意做我的好朋友吗？然后在全校范围内征集签名。（教师可根据实际情况另行设计活动方案，并适当增加难度）

四、自然环境

自然环境主要是指创业者的生存环境。生存环境对创业者从事的行业往往影响较大。俗话说：“靠山吃山，靠海吃海。”这表明我们的祖先对自己赖以生存的自然环境的认识是比较全面的，利用也较为合理。人的生存总是离不开一定的自然地域和社会空间。从生存地域而言，有的是平原，有的是山区，有的是城镇，有的是乡村。所以，创业初期特别要强调因地制宜。

案例链接

2014 年 9 月 19 日，王淑娟收到阿里巴巴集团董事局主席马云的邀请，出席并作为 8 名敲钟人之一见证阿里在美国纽交所的上市。她的事业，是利用电子商务来经销蜂蜜等农产品。

王淑娟是青川当地人，四川音乐学院音乐教育专业的本科生。汶川地震后，看到花菇、天麻、蜂蜜等丰富的土特产资源销路不畅而使农民“抱着金饭碗受穷”，23 岁的她选择返回家乡创业。

2010 年，王淑娟创立了青川森花王氏蜂业和青川县川申农特产开发有限公司，注册了“青川王氏蜂业”网店，进入了蜂蜜养殖销售行业。为了实现自身的转型，开拓青川农产品市场，2011 年，她专程去澳洲留学。

在澳大利亚迪肯大学期间，王淑娟尝遍了当地和新西兰的蜂蜜，同时也学习了他们如何做蜂蜜品牌文化、品牌价值的推广。回国后，在政府职能部门的帮助和指导下，她自己返乡并开始了新一轮的农业创业实践——推进农业产业化，实现立体经营“青川山珍”的梦想。

几年后，王淑娟和她的团队已初步建立起了一个集农户、合作社、加工厂、开发公司于一体的现代化农业产业化企业。

1. 本课中介绍的华茉士为什么能够成功？试从创业者素质等方面进行分析。

2. 创业创新工作在近几年持续推进。2016 年政府工作报告提到“分享经济”“众筹平台”“互联网 + 政务服务”等新词；2017 年的报告中，提出的新词有“大数据”“海绵城市”“人工智能”等；2018 年的报告提出“品质革命”“‘双创’升级版”“融通创新”“最多跑一次”等新词；2019 年则提及“工业互联网”“智能家居”等新词。

利用网络资源，了解和学习支持青年创业的相关政策。阅读材料中的创业热词，你有哪些感想和体会？对于创业，从现在起我们可以进行哪些方面的准备，分小组讨论并在全班进行交流。

第十二课　创业准备

两个人旅游回来，突然发现电梯坏了，而他们的家在 80 楼。虽然人困马乏，但是没办法，于是两个人决定爬楼。有说有笑的，他们爬到了 20 楼。这时他们已觉得很累了，于是决定轻装上阵，把背囊放在这里，等电梯修好了再下来拿。这样他们默默地爬到 40 楼，已经气喘吁吁，爬不动了，自然脚步放慢了很多，开始互相抱怨。到了 60 楼，他们已经没有什么力气再说什么了，而是艰难地用四肢爬着。终于到家门口了，这时他们连兴奋的力气都没有了。可当他们要拿钥匙开锁时才想起，他们的钥匙放在了 20 楼的背囊里。

创业如爬高楼，当你竭尽全力快要成功时，却因为一点点疏漏而功败垂成，其中滋味只有自己才能体会。

第一节 了解市场知识

一、企业类型

企业是指依法设立的自主经营、自负盈亏的经济实体。这个经济实体在市场体系中以盈利为目的，独立地从事各种生产和服务等经营性活动。适合青年人创业的企业类型有以下几类。

1. 个体企业

个体企业是由业主个人出资兴办，由业主自己直接经营的企业，俗称“个体户”。业主个人享有企业的全部经营所得，同时对企业的债务负完全责任，如果经营失败，出现资不抵债的情况，主要用自己的家庭财产来抵偿。

个体企业一般规模较小，内部管理机构简单。在市场经济体制下，我国的个体企业数量极其庞大。在城镇，个体企业通常存在于零售百货、饮食服务、中介咨询、个体农业等领域，但也有从事服装加工、小商品制造等第二产业的；在农村，则以家庭养殖等第一产业为主。

2. 个人独资企业

个人独资企业是由一个自然人投资，并以其个人财产对企业债务承担无限责任的经营实体。个人独资企业与个体企业有很多相似之处。不同的是，个人独资企业必须有合法的企业名称，规模一般比个体企业要大，以企业的名义开展经营活动，而个体企业则是以业主个人的名义对外从事经营活动。现在很多家庭式作坊就是采用个人独资企业的形式。

对于准备创业的人来说，个人独资企业具有独立性强、经营管理灵活、税务负担轻、组建简便、权力集中等特点，对于丰富国民经济形态、促进就业，起着非常积极的作用。

3. 合伙制企业

合伙制企业是由两个或两个以上的个人通过签订合伙协议联合经营的企业组织。合伙制企业可以由其中的一位合伙人出面经营，也可以由若干合伙人共同经营。当企业出现经营失败、资不抵债时，每个合伙人都要以自己的财产按照入股比例进行赔偿。

对一个初创企业来说，创业团队成员既是重要的无形资产，也是创业成功的关键因素之一。一般来说，一个创业团队中的成员要由思考决策类、沟通社交类、执行行动类三大类成员组成，才能做到技能互补。甄选创业团队成员要在基于明确核心创始人的基础上，本着“具有共同的创业愿景，才能、性格优势互补，具备一定的创新创业素养”的原则选择联合创始人。

4. 公司制企业

公司是由两个以上股东共同出资构建的能够独立对自己经营的财产享有民事权利、承担民事义务的企业形式。常见的公司形式有有限责任公司和股份有限公司。适合青年人初次创业的是有限责任公司。

有限责任公司又称有限公司，是指由股东共同出资，每个股东以其认缴的出资额对公司债务承担有限责任，公司以全部资产对其债务承担责任的企业法人。有限责任公司的股东在50个以下，一般相互认识，相互之间的合作建立在彼此信任的基础上。有限责任公司是当今最普遍的公司制企业。

议一议

在你家（或学校）附近都有哪些个体企业？你认为这些个体企业中哪些可能经营得好一些，哪些生意不一定好。你判断的依据是什么？

二、适合学生创业的几个领域

学生创业既有优势，也有局限性。学生思维活跃、点子多、喜欢尝试新事物，且具备一定的专业知识，但在商业意识、社会经验、企业管理、财务管理及营销等方面都比较欠缺。因此，学生在创业方向上的选择应扬长避短，寻找适合自己发展的创业领域。

1. 科技领域

作为学生，如果根据自己的兴趣爱好再结合专业技能取得一些科技成果，则可以利用自己的成果走科技创业的道路。特别是那些与人们生活息息相关的科技成果，将其转化为商品，小商品也可以做成大市场。如“视美乐”“易得方舟”等学生创业的成功案例，就是得益于创业者的技术优势。当然，涉足科技领域的创业项目对学生的要求比较高，有意在这一领域创业的学生，可以积极参加各类创业大赛，从而获得脱颖而出的机会，同时吸引风险投资。

案例链接

2012年，科技创新，他斩获了40余个荣誉奖项；2013年，他成立科技公司，致力于智能环保产品的研发及生产；2014年，他成立广告公司，涉足文化传媒产业；2015年，他的产品进入北京天安门广场，引起轰动；2016年，他被评选为江苏省“青年双创英才”。

他就是被《光明日报》称为“高职院的科创达人”的云曙先。

“垃圾桶随处可见，垃圾分类的理念也不断传播，可我们还是常常看到没有及时清理、味道刺鼻的垃圾桶。”2013年创办公司时，云曙先就把首个产品精准定位为“做一款聪明的垃圾桶”：采用太阳能电池板，配有自动感应门，手靠近时门就会自动打开；能感应“肚里”的垃圾有没有堆满，并及时“汇报”到环卫工的手机上；还会自动喷出消毒物，去除异味——承载着时下最流行的环保理念和物联网技术，创业刚一年多的他甚至吸引了好几位教授、博士给他“打工”。

“我的团队17个人，平均年龄只有25岁。”云曙先相信，随着创新创业浪潮的涌动，越来越多的职校学生将会大有作为。

2. 智力服务

服务业在人们的生活中已占有越来越重要的地位。学生创业应发挥自己的知识、技能优势，选择一些以知识和专业能力为依托的智力服务，如家电维修维护、家教培训等。

3. 电子商务

网络如今已是人们生活的另一个舞台。针对电子商务成本低、不受时间空间限制的特点，学生可以进行网上创业，做电子商务，诸如网上开店、网上提供智力服务，或一些有创意的电子商务。例如，为传统行业提供网络销售，为需要走出去的中小企业提供外部信息，建立虚拟办公服务等。

4. 创意小店

小店的经营相对简单，对社会经验及管理、营销、财务能力要求不高，因此学生可以发挥自己的创意和个性特点选择开一些有创意的小店，例如，创新的蔬果店、甜品店、玩具吧、个性家饰店等。

5. 连锁加盟

对创业资源十分有限的学生来说，借助连锁加盟的品牌、技术、营销、设备优势，能以较少的投资、较低的门槛实现自主创业。连锁加盟创业的关键，是要寻找一个体系相对完善、适合自己的项目。初次创业者适合选择启动资金不多、人手配备要求不高的加盟项目，从小本经营开始为宜。此外，最好选择运营时间在 5 年以上、拥有 10 家以上加盟店的成熟品牌。

三、做好创业规划

创业是一种创造性劳动，每个人的特点、素质和优劣势不同，所处的环境不同，创业成功的概率就不同。对于初次创业者来说，创业前应做好应对各种困难的思想准备，做好创业前的职业规划。

对于一个立志创业的人来说，创业规划与职业生涯规划在一定程度上没有什么区别。要制定一份好的创业规划，有必要进行自我分析、环境分析和关键成就因素分析。

具体地说，就是要问问自己以下三个问题：

1. 自己能够做什么？对于一名创业者来说，只知道自己想做什么是不够的，更重要的是要知道自己能够做什么，做到什么程度。因此，一个人对自己的兴趣、能力等要有一个基本的认识，这是一项前提性的工作。

2. 社会需求什么？在考虑好自己想做什么、能做什么的同时，还应考虑社会的需求是什么这一重要因素。一个人选择的创业领域既需要符合自身条件又必须符合社会需求。在选择创业目标时，应该进行多方面的探索，以求得出客观而准确的判断。

3. 自己拥有什么资源？要创业，就必须依赖各种资源。创业者应该清楚地审视自己所拥有的或能够使用的一切资源的情况，是否足以支持创业的启动和创业成功之后可持续地进行。

一份创业规划能够在多大程度上取得实际成功，取决于它在多大程度上对以上3个问题进行了准确的分析和把握。

创业规划应包括的内容：（1）创业目标和方案；（2）创业原则和步骤；（3）创业的基本条件；（4）创业的期限；（5）好的创意；（6）组织创业团队；（7）选择风险投资者。

案例链接

毕业生林丹之前曾开过一个川菜馆。而2017年，她开始筹备自己的第二个创业项目：“书虫（BookHunt）”——一个采用基于位置服务（LBS）的共享图书、强化阅读圈子的社交产品。LBS是通过网络定位方式来获取用户的位置信息，在地理信息系统平台的支持下，为用户提供相应服务的一种增值业务。随着移动终端（如手机、智能手表等）的推广，它也越来越受到创业者的欢迎。谈及第二次创业选择这一项目的原因，林丹说：“我很喜欢读书，也很喜欢买书。处理闲置书籍的烦恼、缺少同伴交流读书心得的苦闷让我萌生了帮助别人处理闲置书籍的想法。但真正思考项目操作时，这些年流行的‘共享’和‘社交’概念对我也很有启发。”

第二节 做好市场调研

一、市场调研的内容

市场调研是指创业者系统搜集、整理、分析有关市场信息、情报的过程。市场调研是制订创业计划的前提，它可以减少创业的盲目性，降低创业的风险。

1. 调查消费者需求情况

顾客的需求是企业一切活动的出发点，因而调查消费者或用户的需求，就成为市场调查的重点内容。这方面的内容主要包括：服务对象的人口总数或用户规模、人口结构或用户类型、购买力水平、购买规律、消费结构及其变化趋势、购买动机及购买行为习惯、潜在需求、服务要求等。

2. 调查生产者供应情况

这方面的调查应侧重于与本行业有关的社会商品资源及其构成情况，有关企业的生产规模和技术进步情况，产品的质量、数量、品种、规格的发展情况，原材料、零备件的供应变化趋势等情况，并从中推测出对市场需求和企业经营的影响。

3. 调查销售渠道的情况

主要是调查商品销售渠道的过去与现状，包括商品销售过程必经的各个环节、推销机构和人员的基本情况、销售渠道的利用情况、促销手段的运用及其存在的问题等。

4. 调查新产品发展趋势

主要为企业开发新产品和开拓新市场搜集有关情报，内容包括新技术、新工艺、新材料的发展情况，新产品与新包装的发展动态或上市情况，某些产品所处市场生命周期阶段情况，消费者对本企业新老产品的评价以及改进意见等。

5. 调查市场竞争的有关情况

为了使企业在市场竞争中处于有利的地位而搜集的有关情报，内容主要包括：竞争对手的数量、经营状况、管理水平、优势和弱点、竞争策略，以及潜在的竞争对手等。

二、市场调研的方法

初次创业者，在产品（服务）投向市场之前，都会面临很多困惑。例如，它应该卖给谁，它的产品利益点是什么，消费者是否需要这些利益点，他们愿意花多少钱来买这些利益点，消费者对这个新产品有何看法，他们会不会喜欢这种包装、款式，为什么？这些问题都需要通过市场调研得出结论。

市场调研有两种方法：定性研究与定量研究。定性研究是从性质上进行研究的一种方法，定量研究则是从数量上进行研究的一种方法。在市场调查中，往往是定量研究与定性研究相结合。

1. 市场定性

市场定性是研究者用来定义问题或处理问题的途径。具体目的是深入研究对象的具体特征或行为，以进一步探讨其产生的原因。简单地说，定性分析主要是凭分析者的直觉、经验，凭分析对象过去和现在的延续状况及最新的信息资料，对分析对象的性质、特点、发展变化规律做出判断的一种方法。通过定性研究，了解消费者的行为习惯、消费者的个人基础属性等。通过对这些资料的研究，决策者可以做出许多假设。

市场定性的研究方法通常有用户访谈、焦点小组、卡片分类、日记记录等方法。

2. 市场定量

市场定量，就是以数据为基础进行测量。定量研究通过研究数据之间的变化，求出某些因素间量的变化规律。简单地说，定量分析是依据统计数据，建立数学模型，并用数学模型计算出分析对象的各项指标及其数值的一种方法。

市场定量的研究方法通常有问卷调查、A/B 测试等方法。

采取恰当的手段和方法进行市场调研，是实现调查目的的重要因素。只有调查手段恰当，调查方法科学，所收集的资料才能及时、准确和全面。每种调查形式都有其独特的功能和局限性，要搞好市场调研，取得预期的效果，就要根据调查的目的、被调查对象的特点，选择合适的调查方法。

案例链接

乔志忠，“举个栗子”品牌创始人，大学毕业后就在创业的道路上摸索前行。2013 年，他创立了一个栗子品牌，自第一个店铺开办以来，“举个栗子”在河北省 7 个地级市开设近 50 家门店，在全国范围内开通了 15 家连锁店。2016 年所有门店营业流水达到 2 000 万元，2017 年获得《创客中国》节目组 800 万元的投资。

乔志忠为什么会有如此漂亮的业绩呢？这与他在开店之前深入研究市场、进行客户细分有着密切的关系。他在开办每个门店之前，对该地区的各种条件，诸如商圈内的消费购买能力、竞争店的经营状况等做了大量的走访和调查，并进行了深入的研究和分析，以作为设店时营业额预测及决定门店规划的参考，进而利用这些调查结果规划门店的经营策略、经营收益计划、产品铺设方案等，从而把决策失误的可能性降到最低。

三、市场调研的渠道

1. 数据类调研渠道

国家相关部门统计的信息。包括央行、银保监会、证监会、国家统计局、政府网、中国互联网络信息中心等统计的信息。

互联网大数据。主要是国内外第三方机构统计的数据，可以利用关键词搜索“大数据导航”，在导航页面有国内大部分统计机构的网址。

行业数据。可以搜索行业协会或者政府主管部门的网址进行检索。

2. 价格类调研渠道

同类产品官网或实体店。应尽量多地采集，越多越有利于平均价格的确定。

网络商城价格分析软件。可以直观地获得精准产品的价格状况。

淘宝的市场细分

1. 按照客户对所需的产品进行细分。在淘宝商城中，将商品分为服饰鞋包、美容美妆、珠宝饰品等若干大类，在每个大类中还进行了更详细的分类。顾客可以把他所需的产品限定在一个很小的区域，在这个小区域里找到自己所需的产品信息，这在很大程度上提高了客户的体验。

2. 人口统计学细分。淘宝网充分考虑了客户的特征，从年龄、性别、收入、购买行为等方面进行了详细的分类，针对不同的客户，开发不同的市场，通过提供不同档次的产品，适应不同的顾客群。如下表所示：

淘宝网的市场细分

性别	状态	收入	心理及行为	购物偏好
女	年轻单身	低	关注价格、款式，缺乏品牌忠诚度	高仿产品，不关注品牌，购买物美价廉的商品
		中	比较注重品牌和产品效果	中低端化妆品、饰品等
		高	品牌忠诚度较高，注重个性化产品	品牌服饰，高档化妆品
	已婚无孩子	…	…	…
	已婚有孩子	…	…	…
男	…	…	…	…

3. 地理细分。从地理方面来看，因为物流在地理方面的局限性，消费者在购物时，店铺所在位置也会成为他们考虑的因素之一。淘宝网从地区来细分，消费者可以按店铺所在的地理位置进行筛选。

4. 场合细分。网上购物也一样分场合，如淘抢购、聚划算、本地服务等。

第三节 制订创业计划

一、制订创业计划的意义

创业不但影响我们前期的资金投入安全，而且还影响我们今后的职业发展心态乃至人生轨迹。因此，当我们具备了创业动机、选定了创业目标并做了充分客观的市场调研之后，就必须制订一份完整的创业计划。

创业计划书，又称“商业计划书”，是创业者在创业初期准备的一份书面计划，用以描述创办一个新企业相关的内部要素及外部条件，是对特定商业活动详尽筹划后的系统描述。创业计划是整个创业过程的灵魂，在这份计划中，要详细记载创业的内容，包括创业的种类、资金规划、阶段目标、财务预估、经营策略、风险评估等。

在某些时候，创业计划除了能帮助创业者更清楚地明确自己的创业内容、创业步骤和创业蓝图，坚定创业的目标和信心外，还兼具说服他人的功能。例如，创业者可以借着创业计划说服他人合资、入股，以募得创业基金。

案例链接

1995 年，海曼花了整整八个月的时间完成了一份关于开发招聘网站的商业计划书。到他写完的时候，这份计划书已足足有 150 页。当时和他同在硅谷的同事们都对这份计划书的完整缜密赞不绝口，最后他也确实成功拿到创业所需的 50 万美元启动资金。但是，每当回忆起这件事时，他总是忍不住地想，花费这么长的时间写计划书是否值得呢？

海曼在芝加哥时有了另一个创业灵感——以数据跟踪为特色的减肥软件。这一次，他没有花很多时间来写商业计划，而是用了四个月的时间完善自己的想法，走访潜在消费者、分销商和肥胖问题专家，以彻底了解相关市场。经过一百多次访谈后，他写出了一份仅有两页纸的商业计划书。最后，就是靠着这两页纸，他拿到了创业所需的270万美元启动资金。

二、创业计划的主要内容

一份好的创业计划能够帮助一个人真正了解自己，并进一步评估内外环境的优劣势，使自身因素和社会条件达到最大限度的契合，使创业计划更具有可操作性。

具体地说，一份创业计划至少应该包括以下7个方面的内容。

创业的种类：包括创办企业的名称、组织形态、创业的项目或主要产品名称等，这是创业计划最基本的内容。

资金规划：包括启动资金的数量、后续资金的来源、各方的出资比例、资金的具体使用等事宜。

阶段目标：是指创业后的短期目标、中期目标与长期目标，主要是让创业者明了自己事业发展的可能性与可行性。

财务预估：详述预估的收入与预估的支出，甚至应该列出企业成立后前3年或前5年内，每一年预估的营业收入与支出费用的明细表。预估这些数据的主要目的，是让创业者确切地计算利润，明确何时能达到收支平衡并赢利。

经营策略：包括了解服务市场或产品市场在哪里、销售方式及竞争条件在哪里，其主要目的是找出目标市场的定位。

风险评估：指的是在创业过程中，创业者可能遭受的挫折。

其他事项：包括创业的动机、股东名册、预计员工人数、企业组织、管理制度以及未来展望等。

创业计划书作为一种推销性文本，为创业者向潜在投资者、供应商、重要的职位候选者以及其他人介绍拟创办的企业。如今，越来越多的由学校或社会团体主办的创业园和商业孵化机构会要求获得候选的创业项目提供创业计划书。

一般来说，简洁明了、重点突出的创业计划比冗长繁复的计划更加吸引人。一份简洁的创业计划书应该专注于几个简单而基本的问题：第一，提供什么产品或服务；第二，谁会来买；第三，如何盈利。

材料链接

撰写创业计划书的 6M 和 6C

1. 6M

第一个 M 是 Merchandise（商品），指所要卖的产品与服务能提供的最重要的价值是什么。

第二个 M 是 Markets（市场），指要服务的人群是谁。

第三个 M 是 Motives（动机），指人们为何要买，或者为何不买。

第四个 M 是 Message（信息），指所要传达的主要想法、信息与态度是什么。

第五个 M 是 Media（媒介），指怎样才能打动这些潜在的顾客。

第六个 M 是 Measurements（测定），指以什么准则测定所传达的成果和所要达成的预期目标。

2. 6C

第一个 C 是 Concept（概念），在计划书里，要让别人可以很快地知道卖的是什么。

第二个 C 是 Customers（顾客），有了要卖的东西以后，接下来就是要把产品卖给谁，也就是顾客。顾客的范围在哪里要很明确，假如你认为所有女人都是顾客，那七十岁以上的女人也是吗？五岁以下的也是吗？适合的年龄层要界定清楚。

第三个 C 是 Competitors（竞争者），有没有人卖过这个产品？如果有人卖过是在哪里？有没有其他的东西可以取代？这些竞争者跟你的关系是直接的还是间接的？

第四个 C 是 Capabilities（能力），要卖的产品自己会不会、懂不懂？例如开餐馆，如果厨师不做了且找不到其他人，自己会不会炒菜？如果没有这个能力，至少合伙人要会做，再不然也要有鉴赏的能力，不然最好是不要做。

第五个 C 是 Capital（资本），资本可以是现金也可以是资产，是可以换成现金的东西。那么资本在哪里、有多少、自有的部分有多少，可以借贷的有多少，都要非常清楚。

第六个 C 是 Continuation（持续性），当事业做得不错时，将来的发展计划是什么？

任何时候只要掌握了这六个 C，就可以随时检查、随时更正，不怕遗漏什么。

1. 选择一家商店，用观察法或询问法调查该店某种或某类商品在单位时间内的销售情况，写一份简要的调查报告。要用事实和数据来说明自己的观点。

2. 运用网络搜索功能，搜集 10 个以上的创业项目。结合自己的实际情况从中选择一个，以“我的创业设想”为题，写一篇创业计划书。

创业案例集锦

案例一

“吃货”的创业情怀

因为共同的创业理想和对“吃”的极致追求，5个小伙伴走到了一起。22岁的深圳某大学物理学院应届毕业生小廖和他的师弟师妹们的创业项目“水果甜心”，凭借微信平台在校内和南山区科技园做到了月销售额十万元的业绩，还获得广东省“挑战杯”大学生创业大赛金奖和“学创杯”全国创业大赛“创业之星”。

“吃货”瞄准市场空白发力

小廖所学的物理专业偏理论研究，但他并非学霸。大三期末考试前，一位朋友吃了小廖做的水果沙拉后意犹未尽地说：“你这个手艺应该拿去卖钱啊！”

言者无心，一直想创业的小廖却有了主意。“学校里面有卖水果的店铺，也有做水果沙拉的餐厅，但还没有把水果沙拉送上门的服务，而且他们做的沙拉没我做的好吃。”在此之前，小廖在学校开过餐馆、帮人倒腾过衣服，还开过网店，要么是小打小闹，要么是给人打工。他还在学校一个名字非常“高大上”的学生创业实践社团——“亚太学生企业家协会”当负责人。“其实创业的是少数，大部分人就是弄个分享会，拿着雷军、马云的故事过下瘾。”上个寒假，小廖拉来社团里另外4个同为“吃货”的学弟学妹，开始酝酿创业的“宏图伟业”。

伴随新学期开学，“水果甜心”招兵买

马正式上线。其实这个项目就是自建厨房和物流，通过微信推广等网络销售，让兼职的大学生送货员将一盒盒切好的水果或沙拉送到客户手上。但没想到服务一经推出便很快在学校爆红，到期中考试的时候，小廖已是手下有上百号人的“小老板”，月销售额也已经高达 5 万元。

靠“讲故事”打开科技园市场

“占领”校园后，小廖和他的小伙伴们又盯上了学校旁边的“蛋糕”——更大的科技园市场。

“我们一开始不懂怎么去俘获那些白领客户的心。”小廖说，“最开始我们采取派单、优惠等粗放的营销方式，但效果很不好。”出了学校，市场竞争就更激烈了，布点密集的百果园等企业也为客户提供了现场选水果、切水果的服务。“我们的供应链不如他们，运营成本又高于他们。”

于是，小廖团队把自己温情满满的创业故事印上传单、发在微信公号上。“我告诉客户我们是一个大学生创业团队，对产品和快乐有极致的追求。”同时，为了实现差异化竞争，“水果甜心”转型主打西式冷餐配送等多元服务。

客户最初是好奇，后来是感动，互联网创业的故事极易在科技园引起共鸣。一位客户在微信平台的互动中告诉“水果甜心”的主页君，“水果甜心”的创业故事让他想起了十多年前租住农民房、有朋友有激情的创业历程，“我把你们的故事告诉我的员工和伙伴，现在他们不少人也成了‘水果甜心’的忠实粉丝”。“水果甜心”1 个月在科技园的销售数据就突破 5 万元，现在小廖整个团队的月销售额已高达 10 万元。

做生产快乐的“创二代”

其实，小廖的父母就是企业主，小廖是家中独子。“他们一直希望我继承家里的服装公司，却没想到我走上了和卖衣服完全不同的创业之路。”在这个与家族企业的经营范围毫不搭界的商业领域，小廖“没爹可拼”，原本是可坐享其成的“富二代”，却成了地地道道的“创二代”。他告诉记者，他现在一天只睡四五个小时，赚到的钱自己一分不留，全部拿来进行下一轮的投资。

家里对小廖的创业持“不转发、不评论、不点赞，也不屏蔽”的态度。小廖说，

“他们那辈人觉得我这是小孩子过家家，成不了大气候，但另一方面也好奇我最后能折腾出什么东西来。”

在互联网时代成长起来的小廖相信“体验消费”和“粉丝经济”，现在他们团队的主要着力点是做线下活动。小廖认为，他的“员工”绝大多数都是学生，“兼职也不光是为了挣钱，主要是图一乐，还能认识朋友”。而他的客户也都是新锐的年轻人。“我们会多策划诸如吃货分享会、单身派对之类的活动。因为我们如果仅仅立志于送外卖就没什么意思了，我们更希望为大家生产快乐和传递正能量。”

小廖创业成功的因素有哪些？分小组讨论，将结果写成案例分析报告张贴在教室里。一个星期内，每位同学都可以在任何一份报告上写上自己新的观点、体会、建议、设想等。最后由各小组修改各自原来的报告，并在老师的主持下评出一份最优秀的报告。

案例二

一只菜鸟的逆袭

刘浩，某技师学院电子商务专业学生，在校期间，他掌握了过硬的专业知识，具备了较强的实用技能，并凭借坚持不懈的努力与探索，开设了4家淘宝店铺，从无人问津到日销量50余单，积累了宝贵的创业经验。

年纪小，脸皮厚，初级菜鸟无畏无惧

“创业，想要成功，就要用100%的努力做好每一件小事。”这是在和刘浩的交谈中，不止一次从他身上体会到的创业真谛。

迈进技师学院校门，刘浩对新的学生生活充满新奇与向往。对于电子商务专业，刘浩说：“专业是姐姐帮忙选的，自己是稀里糊涂来的，到校之后才真正感受到电子商务的魅力。”天生外向的刘浩加入了电子商务专业的社团，在一次社团活动中，他与小伙伴们一起走进集贸市场，谈成了第一笔生意——红豆保暖内衣，开始了他的淘宝路，但由于保暖内衣的季节性较强，第一个店铺开张不久便被刘浩更改了门面。QQ、微信、微淘……对于各种新媒体，刘浩都有所涉足，创业最初，他便以

一份“微商城运营”企划书入驻孵化园，可运营的结果让他最终选择了淘宝。

真正从事淘宝，要从刘浩入驻大学生创业孵化园说起。当时，刘浩可以说是孵化园里的小弟弟，指导老师和师兄们总会对他比较照顾。“年纪小，脸皮厚，跟谁都能聊到一起”，刘浩这样调侃自己。正如刘浩所说，在孵化园里，他充分发挥自己的优势，每天黏着师兄们，听他们讲自己的创业经历，学习他们的创业经验，问一些在别人看来仅仅是入门级别的问题。有师兄们做后盾，初入淘宝，刘浩大胆作为，两次前往浙江义乌，成功拿下了某饰品的全网总代理，成为淘宝网唯一代理商。“在孵化园不仅水费、电费、房租全免，处处都能学到东西，而且大家经营不同的项目，还可以货源共享、产品共享、客户共享，优势真的是太多了！”

追从本心，笑斩荆棘，我是菜鸟我怕谁

刘浩在高中毕业时还有在售楼部打工的经历，他曾有过一个月售出 3 套房子的好成绩，拿到了 6 000 元的工资，让售楼部专职销售人员对这个未经任何培训的小菜鸟刮目相看。当别人惊讶于他的营销能力时，刘浩谦虚地认为这“不值一提”。“这好办，我就是心诚点、嘴甜点、腿勤点，从上午接待开始到晚上临近下班，业主就决定当场交付预订款了。”

开淘宝店同样是这样，在这个虚拟的世界里，更要把“诚”放在首位。店铺装修、实物拍摄、图片处理、美工设计……刘浩与小伙伴们从一点一滴做起，还原最真实的商品，以最低廉的价格，最真诚的服务赢得回头客的频频光临。开淘宝店，“差评”是每个商家最忌讳的，“与买家交朋友”是刘浩处理差评最有效的方法。在刘浩开淘宝店的过程中，险些遭遇 5 次差评，但都被他用真诚扭转了。“会出现差评并不都源于卖家或商品的问题，我相信只要诚心做生意，就会换取买家的信任，即便我们从未谋面，他们也能体会到我是在用‘真’、用‘诚’做生意，大家也就可以成为好朋友，店铺每每上新，他们总是最给力的一拨。”

善总结，苦钻研，电商菜鸟成功逆袭

回想起刚开始的半个月未出一单，刘浩说：“当时心里非常着急，晚上 12 点前几乎没休息过，生怕睡着了会错过顾客。”那段时间，除了上课，他无时无刻不泡在孵化园里，挂在网上，浏览淘宝大学里的攻略技巧，看前辈们做的产品推广、师

兄们搞的优惠活动……最终坚持代替了沮丧，方法战胜了困难。现在，对于淘宝，刘浩悟出了些许门道，天天特价、店铺推荐、掌柜热卖……在各个版块，刘浩总能选对时机，适时做好宣传。

如今，他的经营范围已涵盖了男装、女装、箱包、饰品等领域，并带动了身边同学就业，与他一同在淘宝的世界里大展身手。刘浩说，他的经营领域还要继续扩大，他将用一年时间在天猫创建一家店铺，使产品向中高档迈进，创造更大的利益，并打响自己的品牌。

“开淘宝店也是一门学问，并不是简单的拍照片、上新品、做推广，实践的同时学习也很重要，尤其是要学习国家对网上营销的最新规定和要求，领会政策的本质，只有这样才能对自己做淘宝的业务有所帮助，避免得不偿失。”

刘浩这个年仅20岁、略带稚气的大男孩，只要坚守自己的内心，以“真”为准，以“诚”为本，未来两年、三年或更远，在各项政策的指引下，在小伙伴的支持配合下，在自身的不懈努力下，这个刚叩开电子商务大门的菜鸟就一定能够展翅高飞，创造更加傲人的成绩。

有的人觉得创业辛苦，而有的人把创业当成一种乐趣，很显然，刘浩属于后者。在国家鼓励和支持在校学生创新创业探索实践的大环境下，王浩利用学生创业的优惠政策和学院的创业平台以及结合自身的专业优势，学习淘宝业务，探索行业经验，选择自己擅长的项目，走出了一条校园创业成功的道路。

学生创业，不是头脑发热，而是稳打实干。如果你也是一只创业菜鸟，以下几条建议可以借鉴。

1. 选择你所关心的，选择你所喜欢的。

2. 创业是个体力活，一个健康的身体比什么都重要。

3. 创业初期，坚持下去是最重要的。

4. 选择自己喜欢并且能够把握的项目，不能看到什么挣钱就去干什么，那样有些盲目，结果也未必会好。

5. 尽量充分利用校园资源，尽量运用科技降低成本，这样能够减少创业成本。

6. 一个好的合伙人比一个好的项目还重要。

7. 永远不要期望“一夜暴富”，踏踏实实做事，才会有好结果。

案例三

千山万水尽可取景

一个篱笆三个桩，一个好汉三个帮。千景文化的创立缘于7个小伙子的志同道合，他们是某校广告专业在校学生。因为对影视拍摄的喜爱，他们经常泡在工作室里跟传媒学院的老师学习拍摄剪辑技术。

随着拍摄技术的增进，在学校创新创业氛围的感召下，杨远扬及6个小伙子萌生了创业的想法。经过一番头脑风暴，“历经千山万水，把各种景色收进镜头”成为他们的共识，于是“千景文化”便成为公司的名字，2017年5月公司正式注册。作为发起人和召集人，杨远扬自然被大家推选为公司法人代表、公司首席执行官。

学校传媒学院也为千景文化团队提供了工作室及相关办公设施，并给予了资金支持。老师们也积极为其进行宣传，介绍客户。在传媒学院多位老师的积极推动和团队成员的共同努力下，千景文化入驻学校大学生创新创业中心。

欲戴其冠，必承其重。事实证明，创业不易，做创业带头人更不易。

公司起步之初，为了给团队成员减轻压力，杨远扬拿出了自己一个多月的生活费作为公司的启动资金。

公司正式成立后，杨远扬更没有了普通学生的闲暇与节假日，他不分昼夜地思考着公司的发展，从购置设备、统筹分配到业务宣传、客户洽谈等方面处处亲力亲为。

然而，困难也不期而遇，由团队成员集资购置的价格不菲的电影机一度被闲置，投资无法得到回报，公司运转也出现了资金困难，大家陷入迷茫，失去了信心，甚至讨论起卖掉机器来。杨远扬顶着压力一个一个地劝说，终于使团队重拾信心，他们一边与老师沟通学习相关知识与技术，一边寻找让电影机派上用场的办法。

“开创并主导一个品类，令你的品牌成为潜在顾客心智中某一类的代表，是赢得心智之战的关键。”艾里斯、杰克特劳特两位全球顶尖的营销战略家、“定位”理论的创始人，在他们的著作中所阐述的这一观点给了杨远扬很大的启发。

千金易得创意难求，在对市场做了充分的考察之后，杨远扬认为要以创意为驱动，把公司打造成一个“创意突出，制作精良”的品牌企业，为目标客户提供高端创意的专业服务。

为突破市场，杨远扬想尽一切办法，发传单、发名片、做广告宣传片等方式多管齐下。此外，还通过各类新媒体如微博、微信等宣传手段，与当地相关运营机构进行合作。

千景文化自成立以来，已为校内外十多家企业进行了宣传片的拍摄，为三秋宾馆制作VR（虚拟现实技术）全景，为多个客户制作了VR家装效果图，获得了客户的一致好评，取得了良好的经济效益。在市场站稳了脚跟，打开了市场。

虽然团队的成员都有专业的素养，但要采取公司化运作，就必须进行更专业系统的培训。为了提升团队的综合实力，提高团队运作的效率，杨远扬组织团队成员参加了学校组织的创业培训课，在课堂的相互交流中认识了很多努力创业的伙伴，借鉴他们的成功经验，为进一步开拓市场做准备。

在杨远扬和团队成员的不懈努力下，在校内多位老师的扶植帮助下，千景文化逐步走上正轨，杨远扬本人也获评创业新锐人物称号。

创业首先是做自己喜欢的事儿。因为对影视拍摄的共同喜爱，7位小伙子组成了这支有想法、肯实干的千景文化创业团队。在创业初期，他们全情投入，东奔西忙，头脑风暴，形成最初创业的服务理念——“历经千山万水，把各种景色收进镜头”。

创业可以利用好有用的外部条件。千景文化团队利用学院现有的资源，比如传媒学院为他们提供了工作室及相关办公设施，并给予了资金支持。老师们也积极为其宣传，介绍客户。对于初次创业的他们来说，这些都是宝贵的资源。

创业的过程中，要有一个务实的心态。创业团队中的每一个人，要关心产品、关心市场、关心用户的需求，落实在具体的事务上包括购置设备、统筹分配、业务宣传、客户洽谈等林林总总的事情。杨远扬带领的这支创业团队从举步维艰到打开市场，在这个过程中，有团队成员切实的执行力，有学以致用的能力，有沟通变通的能力，还有变化、开放的心态，不断打磨细节，提升技术和技巧……共同致力于提供“创意突出，制作精良”的专业服务。

每一个投身创业的人，或多或少都会遇到一些问题。诚实地面对出现的问题，是解决问题的开始。杨远扬带领的团队以创意为驱动，突破市场，借鉴经验，这个过程虽是困难和痛苦的过程，也是因坚持而受益的过程。经历过创业的艰苦与折磨，相信这个 7 人小团队，已经能够深切地体会到创业的美好。

探究与实践

1. 结合下列报道中的“众创空间”，谈谈你对“双创”的认识。如果是你进入这样的平台，你将有何收获？

广州某技师学院积极探索双创教育模式，通过四个“众创空间”，全面构建学生创新创业教育体系。一是建立“众创参与空间”，组建校内外创新创业导师百人团，建立网上创业模拟平台；二是建立“众创帮扶空间”，支持学生创新实践和专利发明项目；三是建立“众创服务空间”，组建了多个“师生创新创业工作室”，每年约有 500 多名学生进入工作室；四是建立“众创示范空间”，开设“创新精英班、创业先锋班、创优示范班”三个类别的“精英人才学校”。学院打破班级、年级、专业的常规建制，通过“众创”空间的构建，为学生提供专项资金、专家指导及专业实验实训场所，全面提升学生的综合素质、职业精神和专业技能。

2. 微信的开发成长，已由一个单纯的即时通信软件，发展为一个面向全球的社交类应用移动产品，全球活跃用户已突破 10 亿人。

（1）从用户体验来讲，你觉得微信与国内其他移动即时通信软件相比，具有哪些优势？

（2）搜索网络资料，谈谈微信发展的过程涉及了哪些创新方法？

（3）分小组进行头脑风暴，分析目前微信还有哪些功能和应用可以被开发？